历史的丰碑丛书

文学艺术家卷

世界戏剧史上的奇才
莎士比亚

孙 韬 编著

吉林人民出版社

图书在版编目(CIP)数据

世界戏剧史上的奇才——莎士比亚 / 孙韬编著 . --
长春 : 吉林人民出版社 , 2011.4 （ 2025.4 重印 ）
（ 历史的丰碑丛书 ）
ISBN 978-7-206-07648-0

Ⅰ . ①世… Ⅱ . ①孙… Ⅲ . ①莎士比亚，W.（ 1564 ~ 1616 ）—生平事迹—青年读物②莎士比亚，W.（ 1564 ~ 1616 ）—生平事迹—少年读物 Ⅳ . ① K835.615.6-49

中国版本图书馆 CIP 数据核字 (2011) 第 037461 号

世界戏剧史上的奇才　莎士比亚

SHIJIE XIJUSHI SHANG DE QICAI　SHASHIBIYA

编　　著:孙　韬
责任编辑:王一莉　　　　封面设计:孙浩瀚
制　　作:吉林人民出版社图文设计印务中心
吉林人民出版社出版 发行(长春市人民大街7548号　邮政编码:130022)
印　刷:北京一鑫印务有限责任公司
开　本:787mm×1092mm　　1/16
印　张:8　　　　　字　数:72千字
标准书号:ISBN 978-7-206-07648-0
版　次:2011年4月第1版　　印　次:2025年4月第3次印刷
定　价:35.00 元

编者的话

“欲知大道，必先为史”。

回溯人类的足迹，人们首先看到的总是那些在其各自背景和时点上标志着社会高度和进步里程的伟大人物。他们是历史的丰碑，是后世之鉴。

黑格尔说：“无疑，一个时代的杰出个人是特性，一般说来，就反映了这个时代的总的精神。”普希金说：“跟随伟大人物的思想是一门引人入胜的科学。”

以史为鉴，面向未来。作为21世纪的继往开来者，我们觉得，在知史基础上具有宽广的知识结构、开阔的胸襟和敏锐的洞察力应是首要的素质要求，而在历史的大背景中追寻丰碑人物的思想、风范和足迹，应是知史的捷径。

考虑到现代人时间的宝贵，我们期盼以尽量精短的篇幅容纳尽量丰富的信息，展现尽量宏大的历史画卷和历史规律。为此，我们编撰了这套丛书。

编撰丛书的过程，也是纵览历代风云、伴随伟人心路、吸收历史营养的过程。沉心于书页，我们随处感受着各历史时期伟大人物所体现的推动历史进步的人类征服力量。我们随着伟人命运及事业的坎坷与辉煌而悲喜，为他们思想的深邃精湛、行为的大气脱俗而会意感慨、拍案叫绝。

然而，在思想开始远游和精神获得享受的同时，我们也随之感受到历史脚步的沉重和历史过程的曲折。社会每前进一步都是艰难的，都伴随着巨大的痛苦和付出。历史的伟大在于它最终走向进步，最终在血污中诞生了鲜活的“婴孩”。

历史有继承性和局限性，不能凭空创造。伟人也有血肉，他们的思想、行为因此注定了同样具有历史的局限性和阶级的、时代的烙印；他们的功业建立于千千万万广大人民群众伟大创造的基础上。历史是人民群众创造的，伟大的人物们是历史和时代造就的。同时，我们也无法否定此间他们个人的努力。这也正是我们编撰这套丛书的目的。

我们期盼着这套丛书得到社会的认同，对读者，特别是青少年读者之历史感、成就感和使命感的培养有所裨益。史海浩瀚，群星璀璨。我们以对广大青少年读者负责的精神，精心遴选，以助力青少年成长进步，集结出版了《历史的丰碑》系列丛书，敬请读者批评、指正。

历史的丰碑丛书

“要有坚强的意志，卓越的能力，以及坚持要达到目的的恒心。”

这是天才艺术家的主要品质。

莎士比亚具有这些品质。

从英国的乡下，到伦敦的剧场，一直到他成为世界著名的戏剧大师，有谁比他自己更清楚这其中的血与泪，苦与痛，忍耐和梦想。

莎士比亚一生创作38部伟大的戏剧和大量十四行诗。他的作品在我们面前展开的是欢乐和悲伤，伟大和卑微，生活的美好与丑恶，是真正的人类生命的现实。

我们敬仰天才。但是追随天才成长的脚步，看他如何磨练自己，一步步接近自己的理想，这似乎对我们更有意义。

目　录

历史的丰碑丛书

早年生活

童年时期的经历无疑对人的人格形成和职业生涯的选择具有重要影响。

——科恩

不列颠岛中部，有一个举世闻名的小城。伟大的天才戏剧家威廉·莎士比亚，就诞生在这里。

小城斯特拉福，早在16世纪中叶就已有2 000多人口。此地绿树成荫，风景怡人，郊外的庄稼茂盛，牛羊成群。牲畜的繁多使这里皮革手工业极为盛行，莎士比亚的父亲便是从事皮革加工的匠人。

1564年4月23日，小莎士比亚来到这个世界时，他家的境况还不错，父亲当过食品质量的检查官，在小莎士比亚4岁时，他还当上了斯特拉福城的市长。

斯特拉福地处交通要道。经常有出门旅行的绅士，押运货物的商人，骑着马赶到牛津去读书的大学生，以及形形色色的人到城里的客店来投宿。小莎士比亚常会看到这些人，有时他还会看到随处流浪，专唱民间歌谣故事的歌手。他们在风景如画的田野上边走边唱，在花卉与鸣禽之间，逍遥快乐如同神仙。

斯特拉福北边的一大片茂密而荒凉的森林中，流传着许多迷人的传说，小莎士比亚就是在这些美酒般的神话传说的浸泡中长大的。最令他着迷的是民间英雄罗宾汉的故事。歌手唱道：从前，大名鼎鼎的罗宾汉和他的快乐的伙伴就出没在这片森林里，他的箭百发百中，所向无敌。他专门抢劫富人和欺压百姓的官吏，保护和救济穷人。每当歌声从远处传来，小莎士比亚都会陷入遐想中。春天，人们还会在森林空地上扮演描写罗宾汉及其伙伴的戏。小莎士比亚在一旁全神贯注地观看，但谁也不会想到，所有这一切，森林和故事，会在后来被写入伟大喜剧《皆大欢喜》，为全

莎士比亚故居

莎士比亚出生地的入口处

世界人所了解。

在莎士比亚的父亲当上斯特拉福市长的那年，有一个职业剧团来斯特拉福献艺。按当时惯例，演员演出必须取得市长同意，为此，他们先要在市政厅门口为市长演出。小莎士比亚坐在父亲身旁第一次接受了正规戏剧的熏陶。虽然那些悲剧充满血腥与恐怖，喜剧仅是一些民间闹剧，演员演技也很笨拙，但这些不起眼的戏剧在莎士比亚小小心灵中点燃的火花却是不可估量的。

7岁时，小莎士比亚已长成一个天性公正、富于同情心，又爱开玩笑的少年了。背着母亲缝制的书包，他进入“文法学校”读书。这是一所市政厅属下专门为市民子弟实行义务教育的学校，学校的条件较好，教师都是从牛津大学毕业的学士和硕士，课程以拉丁语法为主。学习生活非常紧张，每天早晨6点到校，第一件事是祈祷，祈祷上帝使自己成为一个品行端正、圣洁的孩子，然后上课直到中午11点。午饭后，肚子里的咸肉、酸酒、黑面包还在折腾，就又回到学校继续苦读，直到5点。

学校的教学方法基本是让学生死背书，刺激他们用功的高招常常是鞭打。小莎士比亚作过一张漫画，画中的老师一手拿书，一手拿鞭子，题为：“谁打得厉害，谁就教得好。”他常幽默地嘲弄那些凶狠的老师，

莎士比亚故居庭院

←莎士比亚故居门口

但小莎士比亚是那种虽然淘气却很用功的学生。学校里的课程除拉丁文外，还有古典文学，主要讲授罗马诗人维吉尔、贺拉斯和奥维德的作品，以及普劳图斯与泰伦斯的喜剧剧本，偶尔还有逻辑学、修辞学、演说术等课外技能。莎士比亚特别喜欢奥维德的《变形记》。这样的学校与课程，是他一生所受过的全部正规教育，但已给他打下了良好的艺术修养功底。

“文法学校”还经常组织孩子们排演戏剧，每一次小莎士比亚都积极参加。他很有表演才能，并且常成为领导者。有一次学校上演《孪生兄弟》，连家长们也应邀来观看。他们虽然听不懂，但也不无骄傲。小莎士比亚在用木板临时搭起的舞台上，神气活现地来回走动，口中念着台词。这时候，他已对戏剧发生了极大的兴趣。

不幸的是，小莎士比亚家的小康生活时间并不长。他还没毕业，父亲就破产负了债。为了谋生，莎士比亚到一个肉商家里去当学徒。每当接过几分钱的小费时，他的脸上常常现出一丝苦笑，他觉得要想让人尊

莎士比亚故居的入口

斯特拉福小镇街景

敬，通过帮人干活是达不到的。这时，他总隐约意识到自己向往着的是另一种未来。

当时，他已显露了一定的文学才气。在起居室里孩子们的吵闹声和母亲的呵斥声里；在一个人独处卧室，或者在天气晴朗时，来到河边，他总写些零星的诗歌，并且大声朗读。

不久，他试着把古罗马戏剧家普劳图斯的剧本《孪生兄弟》由拉丁文译成英文。刚开始时一丝不苟，但没多久，他就对逐字逐句的翻译感到厌倦了。于是，他耍起了小聪明，使译出来的剧本在主题、人物和故事上与原文相近，但语言却换成了他自己的。这种过于自由化的翻译竟使译本变成了创作品。他给自己的第一篇习作命名为《错误的喜剧》，它讲了一个十分有趣的故事。虽然仅仅是一位业余戏剧爱好者的即兴之作，但这部剧作却成了莎士比亚在斯特拉福等待时机期间与后来在伦敦崭露头角期间的中间环节。他正是把这个剧本——虽然还仅仅是一点儿草稿，交给了一个戏班，以此来证明，他如果有机会施展才能，可以做更重要的工作。

18岁时，莎士比亚娶了安妮。安妮比他大8岁，是离斯特拉福大约两公里远的一个乡下农民的女儿。不久，他们的女儿苏姗娜出世了。两年后，安妮又生了一对双胞胎，分别取名朱蒂丝和哈姆莱特。然而平

莎士比亚故居的花园

斯特拉福小镇的老屋

安、快乐的日子还没过多久，又发生了一件事，再次改变了莎士比亚的命运。

离斯特拉福4英里远的地方是地主鲁斯的庄园。庄园里牧养着很多鹿。莎士比亚及其青年伙伴都认为到地主的禁猎区去打猎是一种值得尊敬的英勇行为，传说中的英雄罗宾汉就经常这么做。于是，他们不止一次到地主的庄园里去偷猎。鲁斯发现后，开始派人侦察年轻的莎士比亚的行为。莎士比亚写了一首讽刺诗，把这个仗势欺人的地主嘲笑了一番。鲁斯恼羞成怒，派爪牙把莎士比亚鞭打了一顿，又把他投进囚牢。在同伴搭救下，莎士比亚逃了出来，但不宜在家里久留，他打算到伦敦一闯天下。这一年正是1587年夏天，伦敦戏班第二次来斯特拉福演出。莎士比亚向他们提出参加戏班的请求。戏班头目说："小伙子，到这一行来当学徒，你的年龄太大了。你会改剧本吗?"于是，莎士比亚拿来他的第一篇习作。头目看他写得不错，人也很有灵气，就同意收下他作为戏班一员。

莎士比亚从演员们落脚的客店，急匆匆回到家

→莎士比亚纪念馆门外的街道

里，收拾了几件衣服，又从父亲那儿要了点儿钱，然后就与双亲、妻儿洒泪而别，跟着戏班到伦敦去了。

斯特拉福地势低洼河道纵横，船舶曾经是这里的主要运输方式。

相关链接

XIANGGUAN LIANJIE

斯特拉福

斯特拉福位于艾汶河畔，又称“艾汶河畔斯特拉福”，是英格兰中部的一个交通枢纽，瓦尔威克郡的一个小镇，其面积不大，基本上步行就可以游览整个城镇。

普劳图斯

普劳图斯（公元前254~184）是罗马第一个有完整作品传世的喜剧作家，出身于意大利中北部平民阶层，早年到罗马，在剧场工作。后来他经商失败，在磨坊做工，并写作剧本。他也是罗马最重要的一位戏剧作家。

《孪生兄弟》

《孪生兄弟》是一部滑稽喜剧，写的是西西里的一个商人，生下了一对孪生子，其中一个从小被人偷走，另一个长大后便四处寻找，当他到达兄弟所住的地方时，被兄弟的妻子和周围的人误以为是他的兄弟，于是引出了大量的笑料。

世界发生了变化

诗人是世界的心灵。

——亨德勒夫

莎士比亚就这样来到了伦敦。时间是1587年的夏天。

伦敦是英国最大的城市，更主要的是，它体现着16世纪英国的巨大变化。泰晤士河湾里到处停泊着准备到世界各地去的船只，这是伊利莎白女王支持海外活动的结果。乘船开往新土地去的，有商人，也有掠夺者，他们从海外购买或劫掠回各种商品，伦敦市场上堆满了琳琅满目、前所未见的各种货物。

在海外发现新的土地，使人们的思想发生了巨大变化。莎士比亚生活的这个时期，正是历史上的“文艺复兴”时代。所谓“文艺复兴”也就是资产阶级冲破封建势力和宗教压迫，创立自己的新思想与新文化，其中主要思想体系是与宗教神学相对立的“人文主义”。宗教神学把神作为世界造物主，而视人为渺小的

英国伦敦

罪人。人有罪就需要禁欲赎罪，压抑自己的追求，做一个愚昧虔诚的教徒。“人文主义”第一次充分肯定了人的价值，宣告人作为人是一种幸福，并且号召人们去追求知识，探索自然。这一思想冲击着旧世界里的一切。的确，人们从来没有像这时候这样相信自己的力量和潜能。一些勇敢的人已经做出了榜样，他们驾小舟，渡大洋，寻找宝藏和个人的幸福。思想家们则积极地探索着真理，最勇敢者还设想创造出一种最好的社会生活制度，让一切人都有平等的机会，共同利用财富，过幸福的生活。

人们思想上的变化深深吸引着莎士比亚，而他面前，最明显的事实就是剧场里的繁荣场面。英国戏剧

皇家莎士比亚剧院

本有久远的民族传统，文艺复兴运动的兴起和人文思想的传播，更使戏剧界人才辈出。摆脱宗教的枷锁后，由于贵族和平民观众不同的兴趣，此时戏剧分化为贵族派和民主派。民主派戏剧生命力更旺盛。它取材于民间传说和历史，描写现实生活，歌颂平民，加上朴实的语言，常常引起下层社会的喝彩。

伦敦剧场经常上演新剧目，多为大学才子之作。许多剧团由权贵或大臣保护，出现各种“供奉剧团”。女王本人也支持着戏剧的发展。

伊丽莎白是一位非常有才能的女王，在她之前，英国政局不断变化，不甘灭亡的贵族极力想把国家拖回封建社会，资产阶级则大力支持王权对此进行残酷斗争。伊丽莎白在这种动荡而又辉煌的时期继位后，动用手腕，争取了整个社会的广泛支持，使资本主义更全面地发展起来，出现了“伊丽莎白盛世”。

但国内盛世景象无法杜绝来自外部的威胁。西班牙是当时不可一世的海上霸王。它野心勃勃，企图以自己的强大舰队征服英国，以恢复封建秩序。为了民族生存，英国各阶层人民大力支持女王抵抗。不愿看到封建制复活的人们奋起捍卫国家独立，自愿走上前线，有钱的商人则出钱资助，爱国热情高涨。1588年英国一举粉碎了西班牙的进攻，摧毁其“无敌舰队”，一跃成为海上强国。这一胜利使英国人欣喜若狂，民族意识、民族自豪感大大增强。

皇家莎士比亚剧院门口的演出剧目广告

皇家莎士比亚剧院的侧门

莎士比亚感受着这种兴奋的狂潮。

当时，所有这些伟大的、振奋人心的事件，以及和事件连在一起的伟大人物的名字，到处被人们传诵着。无论是个人的命运，还是国家的命运都充满了戏剧性。这是悲剧和喜剧并演的时代，戏剧性贯串在所有的生活之中。而从这种生活之中，我们即将会看到，就要诞生它伟大的戏剧和它的伟大的戏剧家了。

相关链接

XIANGGUAN LIANJIE

泰晤士河

泰晤士河是英国著名的“母亲”河。发源于英格兰西南部的科茨沃尔德希尔斯，全长402公里，横贯英国首都伦敦与沿河的十多座城市，流域面积13 000平方公里，在伦敦下游河面变宽，形成一个宽度为29千米的河口，注入北海。在伦敦上游，泰晤士河沿岸有许多名胜之地，诸如伊顿、牛津、亨利和温莎等。

泰晤士河

初出茅庐

才能不是天生的，可以任其自便的，
而是要钻研艺术，请教良师，才会成材。
——歌德

实现梦想是漫长而艰难的跋涉。
——哈利

莎士比亚一到伦敦就开始了他的观察和学艺的生活。像他这样一个一无土地、二无手艺的新人只能替

英国伦敦

剧场看戏的绅士们看管马匹，喂马，遛马，或者扫地。这个乡下才子要想施展才华，至少还需要一个准备阶段。

英国在海上打败了西班牙，全国上下充满信心，但两国的争吵远未结束，每天都有或可能有各种事情发生。伦敦城一片繁忙、躁动景象。

被所有这些事情激励着，莎士比亚有一种热望，他感觉有必要以一种艺术形式把伦敦人的这种信心表

←莎士比亚

→莎士比亚剧作中的人物雕像——哈姆雷特

达出来，而在他看来，戏剧是最能容纳丰富内容的表现形式了。这种戏剧不再是供乡村小镇上居民用以消遣解闷的滑稽戏；也不是古代作品的草草改编。这种戏剧面对的是广大的现实，它要将眼前这个活生生的世界表现出来。莎士比亚开始注意了解伦敦市民观众的喜好，暗暗寻找人们喜闻乐见的题材。他意识到一个伟大而崇高的任务在等着他。

但是，莎士比亚目前还只是一个连大学都没念过的乡下青年，要想在人才济济的伦敦跻身于戏剧界，该是何等艰难的事！那么，书籍是做什么用的呢？对，要想胜过那些地位与学识都高于自己的人，就要从认真阅读一本一本的书开始。带着良好的勤俭朴素的习惯，为了将来在职业上站得住脚，他开始奋发努力了。

莎士比亚的住处距剧场有很长一段路。这里有商店，手工匠人的工场和贸易公司的办事处。贸易公司通过英国船只，与世界各地打着交道。城市生活非常

←莎士比亚

伦敦桥

热闹，这条路上坑坑洼洼，但仍挡不住人们的活动。骑马的，坐车的，步行的，你东我西，熙来攘往。商人们利索地做着买卖，士兵在大街上来回走动，各国海员也在闲逛。往前，是一座阴森可怕的“石头城堡”，里面关押着扰乱社会秩序的犯人。伦敦可不是个安全的城市，到处充斥着流浪汉和不法之徒，人人都得小心提防盗匪深夜入宅抢掠，警惕在街上遭匪徒袭击。离监狱不远的小山坡处是刑场，流浪汉和小偷都要在那里处死，他们或被处以绞刑，或砍掉四肢或杀头。在处死犯人的日子，总会有很多人跑去观看。行刑后，罪人的头要由长矛挑起，悬挂在伦敦桥上示众。

莎士比亚住在伦敦桥附近的一排低矮破旧的小房子构成的居民区里。每天从剧场回来，他总是带着疲愈和兴奋走进自己的房间。这是只容得下一张单人床的小屋，只有一扇窗户，窗台和床上靠墙的一面堆满了书。莎士比亚每次拿回在剧场看马所得的工资，大部分邮回斯特拉福给父母妻儿，剩下的，他再拿出一部分买书，有时他也从大学生手里借书来读。他的书籍除了戏剧理论与作品外，最多的就是历史著作。后

→莎士比亚剧作中的人物雕像——麦柯白

→莎士比亚剧作中的人物

来他的戏剧创作生涯就是从历史剧开始的。

书籍永远是创造的源泉，莎士比亚正在为自己添加养料。他读的《英格兰、苏格兰和爱尔兰编年史》，后来为《亨利六世》《约翰王》等提供了所需要的一切历史根据，而另一些历史书则为《安东尼与克莉奥佩特拉》和《雅典的泰门》提供了大量的情节。

尽管一天的工作下来十分疲劳，但他总草草吃一块干面包，再喝几口水就沉迷到书中去了。夜幕降临，他就点上一支脂油蜡烛。伦敦的居民都早早关上大门，远处狗声吠吠，街上没有路灯，漆黑的街口时有强盗拦路抢劫和饮酒纵乐者的放声歌唱。莎士比亚在烛灯下聚精会神地读书，通宵达旦。正是在这间小屋里，这盏烛灯下，他为将来的创作打下了坚实的基础。以后，他还要在此飞笔疾书他的头几部优秀剧本。

活跃在当时伦敦剧院的剧作家主要是以马洛为首的一群“大学才子”，莎士比亚最初就是向这些艺术大师学艺的。看马的工作使他得以结识他们。戏散场时，莎士比亚站在门口，看见大师们从里面走出来，他急忙迎上去，请教有关戏剧的问题。读书和初步实践使他有了一些自己对戏剧的体会和见解，他把心中的疑问与看法讲给他的艺术老师们听。莎士比亚的热诚与谦逊感染了这些大师，他们耐心地指点他，莎士比亚仔细聆听这些指教。

莎士比亚的塑像高坐在纪念柱的顶端

出版于1623年的第一版对开本莎士比亚剧作集

1592年，莎士比亚所在剧场被“玫瑰剧场”兼并。玫瑰剧场老板亨斯洛是一位大名鼎鼎的人物，他花大本钱改建了玫瑰剧场，指望能以此招徕有名望的“海军大臣供奉剧团”，增加更多的收入。可是，起初亨斯洛却没有如愿。

剧场进入紧张而忙碌的演出季节，首场上演的是格林的《两个僧人》，但观众只坐了一半，接下来又演出几场无名作者的作品，观众更是寥寥无几。这些剧目票房收入之低令亨斯洛心中十分恼火。但是，3月2日上演的一出历史剧，剧场竟突然间满座，卖座率达到整个演出季节的顶峰。剧本名为《亨利六世》。观众当时并不知道作者是谁，那时无名作者太多了，就连

“大学才子”也不下十几位。

现在，有必要了解一下“大学才子”们。他们以前辈身份为莎士比亚的戏剧创作开辟了道路，但后来也出言辱骂过这位后起之秀。被称为“大学才子”的戏剧家中的大多数，的确大学毕业，或至少在伦敦最优秀的学校里受过人文主义教育。当时在英国，他们是人文主义戏剧开创者。在他们之前，戏剧的形式、技巧都沿袭中世纪，并不把人作为主要表现对象，而

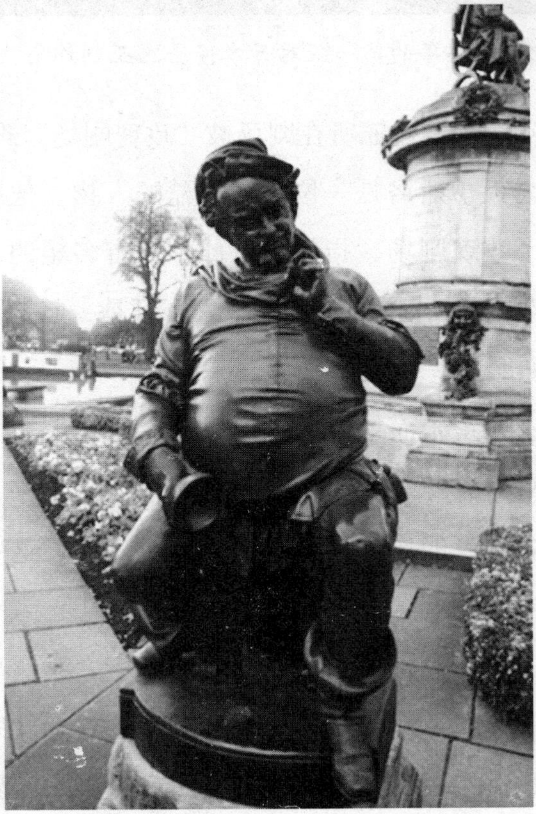

←莎士比亚剧作中的人物雕像——夏洛克

剑桥大学

只是宣扬宗教与道德的工具。人文主义新思想的传播，激发了人们对古希腊罗马经典作品的浓厚兴趣。于是“大学才子”们纷纷搬演古代戏剧家作品，仿效古人手法写成各种悲剧和喜剧。他们在悲剧中表现冲突，在喜剧中加入惊险故事，描写伟大征服者的野心、爱情与形形色色的遭遇。“大学才子”的世俗题材戏剧像一股春风吹入剧坛，激活了人们的心灵。戏剧受了几百年宗教的奴役，终于解放了。

“大学才子”中最出色的是马洛。他与莎士比亚同龄，是坎特伯雷一个鞋匠的儿子。他比莎士比亚幸运得多，他并没有一个破产负债的父亲。莎士比亚退学入肉店当学徒时，马洛进了剑桥大学，相继获得艺术学士和硕士学位。马洛与莎士比亚几乎同时在伦敦开始谋生，他凭借自己的学位和诗才，不久就在戏剧创作中很有名气了。马洛是一位戏剧天才，他第一个用通俗易懂的无韵诗体写对白，奠定了此后戏剧语言的基本形式；他追求表现中心人物，他的主人公都是一些具有惊人成就的非凡人物；他善于描写人物的巨

←莎士比亚剧作中的人物塑像

→伦敦剧院

大热情，在这些热情中，又偏重描写权欲、妄想、残忍和奸诈。无论如何，马洛的戏剧是真正关于“人”的戏剧。

天才的眼睛最能够识别天才。莎士比亚总是夹在欣喜若狂的观众中间尽情欣赏演员演出马洛的剧本，偶尔还亲自参加演出。他对马洛的剧本极其熟悉，尤其喜欢《帖木耳》和《浮士德博士》。剧本语言优美，道白时而委婉抒情，时而激昂豪迈，这些都深深吸引并影响了莎士比亚。

基德是大学才子中唯一没上过大学的人，他年纪较大，非常善于构制悲剧情节，曾把情节紧凑、人物性格鲜明的《西班牙悲剧》推上舞台，成为以后大量涌现的“血与仇悲剧”的开端。在情节上，基德是给莎士比亚影响最多的一位。莎士比亚的剧本《哈姆莱特》中很多情节在《西班牙悲剧》中都可以找到相应的部分，如鬼魂，装疯卖傻和戏中戏。

“大学才子”中另一重要人物是格林，他曾是剑桥、牛津两校的艺术硕士，经历出众令他骄傲。格林在剧本中表现鲜明的民主倾向，又进一步完善了喜剧技巧。他喜欢给剧情涂上浪漫情调和幽默色彩，这在后来明显地影响了莎士比亚的《仲夏夜之梦》。

“大学才子”们活跃地扮演了新戏剧开创者的角色，他们在剧本创作上的开拓，无论是题材还是手法上都引起了莎士比亚的注意。莎士比亚是非常懂得鉴

伦敦发现莎士比亚老剧院遗址

↑莎士比亚

别和吸收的。

莎士比亚对他的艺术前辈们，敬重但不迷信；对他们的作品，借鉴但不抄袭。无论是仿效基德的流血悲剧，马洛的语言风格，还是格林的幽默，他都能够与自己的剧情精神浑然一体，恰当融合。从这第一部引起轰动的剧本《亨利六世》，就充分显示了莎士比亚绝不是一个盲从的人，艺术家的天职使他对一切事物都有着透彻的观察和深邃的思考，他向前辈学习了创作技巧，却没有追随他们的内容。当时“伊利莎白盛世”的繁荣使人们热衷于讨论僭主昏君的祸国殃民之罪和明主贤君的治国安邦之功。莎士比亚看到以英国历史为题材的历史剧将最受观众欢迎，于是就独自开创了历史剧的新题材。

《亨利六世》的上演使观众呼吸到了新鲜空气，他们看到一位新人正在崛起，可以与马洛媲美。当然，“玫瑰剧场”老板亨斯洛也发现，可以从这个连大学都没念过的乡下人身上赚到大钱。

伦敦温莎古堡

相关链接
XIANGGUAN LIANJIE

《亨利六世》

《亨利六世》分上、中、下三部。上部写的是1422~1444年间亨利五世驾崩、亨利六世即位及与法国玛格丽特订婚等事件，重点描写百年战争中英军围攻法国奥尔良，圣女贞德协助法军击败英军解救奥尔良及法军内讧，贞德被俘后被活活烧死，英军在战争中暂时得胜；中部写亨利与玛格丽特公主结婚到阿尔班战役，中间穿插王位的争夺及杰克·凯德领导的农民起义；下部写的是亨利六世统治最后十年的事。贵族内部的战争即红白玫瑰战争打到了白热化程度，葛罗斯特公爵阴谋杀死国王，自己取而代之。全剧结束后，爱德华四世即位，玛格丽特王后返回法国。

马　洛

马洛（1564~1593）英国诗人，剧作家。1564年3月6日生于坎特伯雷一富有鞋匠之家，1593年5月30日卒于伦敦附近的德特福德。1587年在剑桥大学获硕士学位。在伦敦期间曾与探险家、政治活动家罗利，剧作家查普曼，数学家哈里奥特等怀疑宗教者结成团体，人称“黑夜派”和“无神论者”。曾一度入狱，后被人刺死。马洛共写了 7 部剧本 ，均属悲剧或带有悲剧意味的历史剧 ：《帖木儿》《浮士德博士的悲剧》《马耳他的犹太人》《爱德华二世》《迦太基女王狄多》和《巴黎的大屠杀》。后两剧可能是与剧作家纳什合作，时间不能确定。马洛革新了中世纪的戏剧，在舞台上创造了反映时代精神的巨人性格和“雄伟的诗行”，为莎士比亚的创作铺平了道路。

→马洛

引人注目的"乌鸦"

卓越人的一大优点是，在不利和艰难的遭遇中百折不挠。

——贝多芬

诽谤常常使人的行为遭受怀疑，使他的美名蒙上污点，可有谁知道，诽谤也可以使人更加出名呢？

莎士比亚以他的《亨利六世》引起了别人的注意。这目光有的来自善意的热情的观众，有的来自企图寻找好剧本、大捞其钱的贪婪的剧院老板，当然，更少不了那些辛辛苦苦写作，仍然默默无闻的同行们。对莎士比亚靠第一个剧本出的风头，他们还是可以忍受的，他们只当是一个侥幸写出一部好剧本的虚心的小学生，偶尔成功一次而已。但莎士比亚很快又写出了一部佳作。在《亨利六世》中曾经出现一个凶残但却真实的历史人物，他就是驼背、丑陋，后来却当上英国国王的理查三世。莎士比亚发现这个带有血味的人物曾引起观众的兴趣，于是他乘胜追击，写出了历史悲剧《理查三世》。剧本描写了这个国王凶残成性的一生，表达了各朝兴衰是由君主开明还是昏庸决定的观点。剧本上演后，再次获得巨大成功。

接着，莎士比亚又决定在喜剧体裁中一试身手。因为尚无写喜剧的经验，他就采用现成的，从学生时代就已熟悉的情节。他译过的普劳图斯的《孪生兄弟》描写了一对双胞胎兄弟，因为相貌完全相同，因而闹出许多笑话。为使剧情更吸引人，莎士比亚引进了另一对双胞胎兄弟做原来两兄弟的仆人，二人也是难分彼此，于是令人捧腹大笑的误会连连发生。莎士比亚借鉴了格林的喜剧技巧，传达了人文主义理想，在他笔下，普劳图斯的情节获得了新的生命。这部名叫《错误的喜剧》的剧本上演后，莎士比亚的桂冠上又增添了一分光彩。可是，随着天才艺术家由默默无闻的后台走向盛誉的幕前，他却无辜地遭到了恶意的诋毁。

向他泼来污泥、浊水的不是别人，正是“大学才子”之一的格林。格林是16世纪末的文学家和戏剧家，在同行中他可算得上是个十分引人注目的人物。他有过辉煌的历史，但更有怪脾气，他认为舞台表演纯属胡闹，是对有才华的人的剧本的糟蹋。他讨厌看见演员表演，讨厌他们穿着半筒靴，唾沫四溅地喷射到舞台上，每吐一个字都要鼓起大钟似的两腮，他梦想要为少数风雅的读者创造伟大的艺术。可当贫穷向

《理查三世》的插图

他一步步逼近时，他又不得不向有钱可赚的地方奔去，为剧院写起了剧本和小册子。但他认为，那些俗气的观众都是些大傻瓜，自己信笔挥就，粗制滥造的作品，不真实的情节和虚假的人物都可以被他们接受。他觉得一位艺术大师屈尊向观众洒一些学识上的残汤剩饭就足以让那群傻瓜们感恩戴德了。格林的傲慢无礼得到了相应的回报。在玫瑰剧场，当莎士比亚的《亨利六世》吸引了大约一万人来观看，票房收入达到最高值时，格林的剧本却很不卖座。这使他十分气愤，虽然他是没有权利气愤的。剧本不受欢迎，格林的生活越来越悲惨，1592年是他生命的最后一年，这时他已沦落为一个潦倒的文人，与社会最底层的人同出同进了。

生活的不如意使格林嗜酒如命。他写文章时，常常是一边喝酒一边挥笔，他到死都要保持着那副自负的性格。酒使他的肝脏、肾脏出了毛病，酒后他也常常伤感落泪，为自己虚度年华和放荡不羁的一生而后悔。至此，由于对生活的深刻体验，他的作品中逐渐去掉了往日令人讨厌的自负气。他写伦敦生活中的罪恶，暴露那些罪行，他的目的不再是为了耸人听闻，而是在内心中真诚希望那些单纯的人对这些罪恶先有所闻，而不致受其伤害。当格林摆脱了自负和傲慢，他的才华才真正闪出光来，他的作品才显得生气勃勃。

这时格林已经病倒了，他的身体开始浮肿，但仍不得不拼命写作，一停手，他就只能挨饿。这年夏天，伦敦又干又热，发生了瘟疫，演员们都到各地巡回演出去了。格林一个人躺在病床上，他骂那些曾经央求他写剧本、现在却扔下他不顾的剧场老板；他骂那些忘恩负义的人，那些曾经向他学习过技艺的人，如今却是踩在他的痛苦之上的春风得意的后来者。格林把自己的咒骂写进了一篇所谓的忏悔录之中，他写道："我曾经给予他们那么多的恩惠，然而我还是被他们抛弃，这岂不是咄咄怪事吗？"接着又对其他几位大学才子说道："你们同样曾给予他们那么多的恩惠，如果你们处在我的地位，也被他们一脚踢开，那么你们的遭遇也好不了多少。"最后，他把矛头直接指向了莎士比亚。他一想起那个神情安静，脸带笑容的没受过什么高等教育的乡下人，就难以压住心头的怒火："……有一只用我们的羽毛装饰打扮起来的、飞黄腾达的乌鸦。他的演员的外皮之下，包藏着一颗虎狼之心。他以为能像你们之中的佼佼者一样挥笔写出无韵体诗。他是个地道的打杂工，却狂妄地自认为是国内唯一可以震撼舞台的人。"格林还把莎士比亚比作是专门模仿他人作品的"猿猴"。这篇咒骂文章被出版商切特尔拿去发表了，定名为《不名一文的才子》。

面对格林痛快淋漓的咒骂，莎士比亚并没有因为他不公平的诽谤而恼怒，他深深同情前辈格林的不幸遭遇。尽管格林说他是一只“没有学士袍的乡村乌鸦”，啄取其他前辈的硕士方巾上的绒毛，把自己装饰打扮起来。实际上莎士比亚所做的不过是从人类共有的戏剧宝库中汲取养料而已。这一宝库人人都可以进入，不需什么特别的入场券或毕业证书。

莎士比亚从不是亦步亦趋的模仿者。在年代上，他是“大学才子”的后继者，但他更是以不同凡响的创造精神自立于英国剧坛的。他学习了马洛的无韵诗体，却更善于用形象思维，从一连串的清晰、简洁、可见的意象中获得生动的诗意。马洛的诗句虽能给人以韵律和形式的美感，但从未具备莎士比亚诗句形象性的长处。取材上，莎士比亚和大学才子们都喜欢到古典历史等现成材料中去寻找素材，但莎士比亚能够恰如其分地把典故与剧情、人物结合起来，使诗句在简明中暗示出丰富的内涵，传达人文主义理想。而大学才子们则经常只是把典故作为纯粹的装饰和点缀，醉心于炫耀他们的学识。

在大学才子手里，戏剧得到解放，但仍是暂时性的，它还未找到自己发展的正确方向。这时的戏剧形式尚极为简单原始，独白之长让演员与观众均感疲惫，角色常因夸张的激情而显得做作，讽刺平淡无味，有时剧中还夹杂大量胡闹动作，吵吵嚷嚷，混乱不堪。

莎士比亚也写流血复仇事件，使他洞察人的性格和命运，能赋予它们以更高的意义。马洛沉迷于塑造悲剧性人物，这些人物幻想统治世界，有不可满足的野心；莎士比亚却在这些悲剧人物之上关心着国家的命运。他始终怀着一颗伟大的心灵去写“那些人物和事件”。

当然，莎士比亚能以伟大的人格关照戏剧，同样也能以伟大的人格关照生活。他知道，格林的咒骂与诽谤并不是针对他个人的品性，而是因为格林意识到“大学才子”无法掌握的民间戏剧市场，似乎已经掌握在了他这个文法学校毕业的“暴发户”手中了。那么可见格林还是一位很有眼光的前辈，他的嫉妒与咒骂反而使莎士比亚更清楚地看到了戏剧光明的未来。此后，每当走到公共场合，莎士比亚总会听见有人小声说：“瞧，那就是他，一只飞黄腾达的乌鸦。咯咯咯，身体还好吗，打杂儿先生?”对此，他总是一笑置之。即使他的高贵的名字，第一次在印刷品中出现是以这种可耻的，受人诽谤的方式，他也毫不在乎，尽管这有损于他的姓氏的光彩。

←《科利奥兰纳斯》的插图

莎士比亚每天起早贪黑，坚持构思写作自己的剧本，不去理会伦敦市民如何评论他。在他的沉默和大度中，人们大概也发现了一些什么，他们开始怀疑起格林的愤激之言。在1592年12月底，距格林的诽谤约一年之后，出版商切特尔出版了《好心人的梦想》，他本人还亲自附了封信。切特尔说自己从前对莎士比亚一无所知，后来才见了面。他为自己替格林有失公正的诽谤文字做了鼓吹深表遗憾，他写道："我感到抱歉，好像罪魁祸首就是我自己一样，因为我亲眼见到他彬彬有礼，在他所从事的戏剧方面也很出色。此外，许多可敬的人都说他待人诚实，写作上诙谐风雅，这说明他很正直也很有艺术才华。"如果抛开格林的诽谤，或许这才是真正的莎士比亚吧。在与他直接接触的人们中，他给人的印象的确如此。

上演《亨利六世》时，莎士比亚还不为人知，诽谤之风过后，他的名望却越来越高了。对莎士比亚来讲，这一年有悲有喜。伦敦的环境亦不平静，除了英西之间冲突和小战不断外，还发生了一件令伦敦人终日提心吊胆的事——这就是瘟疫的流行。

1592年6月出现的瘟疫持续时间特别长，往城外拉死尸的车一辆接一辆。一切戏剧演出均停止了。冬天时情况略有好转，可是等到了1593年夏天，瘟疫却以更大的威力席卷了伦敦。剧院全停业了，演员们分别到全国各地去做巡回演出，说是演出，其实就是到处流浪，走到哪里演到哪里，有的甚至彻底抛弃演员工作，另谋生路去了。剧作家们也都无事可做。这一年，瘟疫极有可能夺去莎士比亚的生命，因为伙伴们走了，他却一个人留在了伦敦。当时，他正忙着写剧本《驯悍记》。

这期间大学才子之首的马洛死了，他不是死于瘟疫，而是被人杀害的。马洛不但在戏剧领域很有成就，而且他还是个无神论者，在私下的文章中，他大肆否认基督的神明，嘲弄他的奇迹。这在以基督教为人生信仰的国家中，是要被视为异端而加以迫害的。马洛称宗教的目的是让人置身恐惧之中，他骂新教徒是伪善的驴子。不久，警察开始监视他的行动，并逮捕了与他同居一室的基德，严刑拷打之下，基德招认了密探们想要得到的一切。警方得到了证据，对马洛更加恨入骨髓了，他们对亵渎神明的人从不心慈手软。他们一次次公开传讯马洛，却屡屡推迟审讯日期，他们在暗中策划着要把马洛置于死地。

瘟疫流行时，马洛离开伦敦，到附近一个小镇安身，从伦敦桥沿泰晤士河顺流而下，就能到达这里。当时小镇上有一家酒馆，在这家酒馆里，马洛不幸遇到3个人，其中一个叫弗德雷的，是警察们收买的奸细。4个人一起吃午饭，然后在酒店的花园里散步，谈得很投机，晚上又一起喝酒。晚饭之后，他们算是开怀畅饮了一天，到付账时却意见不一。弗德雷故意和马洛吵了起来，辱言相骂，以此故意激怒马洛，马洛果然大怒，二人发生了格斗。弗德雷事先在身上带着匕首，打斗时，他拔出匕首，刺进马洛的头部。伤口在右眼上方，入肉两英寸深，马洛疼痛难忍，没多久就死了。

警探们终于如愿以偿。他们给杀人凶手编了一个自卫杀人的借口，仅关进监狱一个月就释放了。在当时，酒店饭馆和街头巷尾打架斗殴是常事，所以也没有引起什么人的注意。可怜一代戏剧大师就这么离开了人世，那一年他才29岁。

莎士比亚听说了马洛的不幸时，十分悲痛。他对马洛很敬重，尽管有时对他的生活方式并不赞成。对这位文艺复兴时期戏剧的革新者，多年以来，莎士比亚一直将他作为自己的楷模和老师。他向他学习了大量的戏剧语言技巧，有时也采用和他相近的情节。当然，莎士比亚像一个天才仿效另一个天才所可能做的那样仿效他：采取相近的主题，和自己的楷模做一番较量。

马洛的死，使莎士比亚看到了王权的专制和残忍，使他不能不在今后的创作中发表自己对王权的看法。

不久，基德也很快了结了一生。

格林、马洛、基德这3位使英国戏剧焕然一新的才子，为莎士比亚的创作奠定了基础的大师们，就这样一个一个地离开了人世。

伦敦瘟疫流行期间，留在城里的莎士比亚认识了年轻的贵族南安普敦伯爵。南安普敦伯爵是个戏迷，很欣赏莎士比亚的才华。当时夸饰文风比较时新，在贵族青年的圈子里，大家对花哨的语言十分赞赏，认为它和意大利的音乐以及华美的服装一样，都是文艺复兴新文化的表现。莎士比亚也受到了这种风气的影响。当时著名诗人斯宾塞曾向女王献了一首叫《仙后》的诗，在好胜心驱使下，莎士比亚写了他的第一首长诗《维纳斯与阿都尼》，献给南安普敦伯爵。这首长诗叙述的故事源出于古罗马神话：女神维纳斯爱上了人间美少年阿都尼，但阿都尼却不爱风月，结果阿都尼在打猎时被野猪撞死了。长诗的主旋律是歌颂爱情，表达人类对生活的热爱，当时伦敦的年轻人都争先恐后阅读这首诗。

莎士比亚极端仇视自私的行为，在爱情方面也不例外。他的第二首长诗《鲁克丽丝受辱记》就表明了这种观点。在这首长诗里，除了具有教育人类的思想外，人物类型的塑造也很成功。这已显示了莎士比亚在塑造人物方面的天才。

不久，莎士比亚在十四行诗中又充分体现了他的天才。十四行诗最早是由意大利传入英国的，随着文艺复兴运动的高涨，十四行诗也盛行起来，成为英国主要的诗歌形式。这种诗歌要求先提出一个初题，然后提出一个对题，最后在诗的结尾处，两题要合而为一。这套格式必须恰好安排在14行诗中。莎士比亚写了大量的十四行诗，这些是他流传下来的唯一的抒情诗作，每一首都具有其独特的旋律和音响。

在演员们还没有重新回到伦敦舞台时，莎士比亚一面献诗给贵族，以维持生活，一面刻苦探究戏剧创作，他越来越喜欢写戏剧了。他的诗歌原来大多是献给南安普敦伯爵的，后来两人关系逐渐疏远了。因为莎士比亚觉得，那些贵族青年的思想和趣味与他本人的天性是不适合的。他看到，写诗只能供少数贵族欣赏，而写戏剧时，面对的却是广大的观众。

莎士比亚的心灵注定是属于伦敦观众的。在瘟疫流行期间，与贵族们的交往，使他接触了大量的贵族“典雅文化”和生活方式，又丰富了自己的知识和阅历，他随时准备着重新投身于戏剧创作之中。

相关链接

XIANGGUAN LIANJIE

《理查三世》

《理查三世》这部历史剧约在1594年演出，并在1597年出版。它接续着《亨利六世》第三部的内容，描写理查三世如何赢得王冠后又失去王冠。戏从理查的兄长爱德华四世的统治时期开始。爱德华企图劝诱他手下的贵族们和解。但是理查，虽然驼背而且有一只手萎缩，却是一个野心勃勃、残酷无情的人，他凶暴地铲除了所有的反对者，在被他杀害者的妻子和母亲们的咒骂和眼泪中夺取了王冠。他杀害了亨利六世，但又向他儿子的寡妇求婚并娶她为妻。爱德华四世一死，他又把他的两个小儿子关在伦敦塔里杀死。但同时英国贵族们也渐渐抛弃了他。都铎王族的里士满伯爵亨利率兵来到英国。双方军队在博思沃斯相遇。鏖战前夕，理查受到被他杀害的人们的鬼魂的折磨。亨利·都铎（后来的亨利七世）的军队赢得胜利。理查被杀，理查在这出戏里从头到尾一直是主要角色；他虽是恶人，但被刻画成为一个富有个性魅力、精力充沛、机智过人的人物。《理查三世》是莎士比亚的第一部成功的历史剧。

辉煌时期

成功孕育着成功，这个道理完全正确。小的成功可以成为巨大的成功的基石。

——马尔兹

1594年初夏，猖狂了两年的瘟疫终于自消自灭。分散到各地去的演员，都重返伦敦的舞台演出。“玫瑰剧场”老板亨斯洛打道回府，又大干了起来。他把自己的继女嫁给了领导“海军大臣供奉剧团”的杰出演员艾莱恩，从此，两家便正式合并为一家事业了。

这时，莎士比亚脱离了贪婪的“亨斯洛集团”，加入“宫内大臣供奉剧团”。这对亨斯洛来说，无疑是损失了一棵“摇钱树”。现在莎士比亚除了很轻易地胜任改编、补写剧本工作外，还能更加熟练地创作新剧本了。这帮“宫内大臣供奉剧团”很快也在伦敦站稳了脚跟，它不用担心没有吸引人的剧本。

“宫内大臣供奉剧团”租用亨斯洛的一块地皮，临时建造了自己的剧场。剧场极其简陋，没有幕布，也没有布景。莎士比亚为这个固定的剧团和其中固定的演员写剧本，兴致极高。他和演员在一起的日常合作，使他的戏剧更加出色。因为莎士比亚在写剧本时，能够对舞台上演出这些剧本所需要的条件考虑得十分周全，连最小的细节都不放过。新的环境使莎士比亚的工作效率十分惊人。1594年当年莎士比亚就使剧本《泰特斯·安德洛尼斯》受到极大欢迎。观看人数与日俱增，票房收入相当可观。这出动人的戏剧描写了罗

←《爱的徒劳》的插图

马远古时代一场流血悲剧。莎士比亚让流血事件基于复仇基础之上。剧中台词激昂而且优美。不久，他又推出滑稽剧《驯悍记》，再次受到观众欢呼。在这出关于丈夫如何驯服凶悍的妻子的滑稽戏中，莎士比亚笔下丈夫驯服悍妻使用的方式不是传统的暴力，而是爱。

如果这两部戏剧还不是最好的，它们在情节上还比较简单，悲剧中还有恐怖事件，喜剧里也有闹剧成分，在这两个剧本之后，莎士比亚却让人们看到了更多、更好的作品。

莎士比亚现在成了货真价实的“唯一震撼舞台”的人，他开始用新的方法写作，他不倦地使自己的创作达到完美。1595年上演了《维洛那二绅士》，紧接着是《爱的徒劳》，这两个剧本既写出了爱情友谊等美好浪漫的感情，也嘲笑了年轻人易犯的不现实的错误。这在当时颇有针砭时弊的作用。

莎士比亚迷人的喜剧之一——《仲夏夜之梦》是在1595年引起轰动的。关于它，我们会在后面作具体介绍。另两个喜剧《威尼斯商人》和《无事生非》，因为在众多紧张的事件中又充满了可笑的情节而使人着迷。这些喜剧全都表达了人文主义理想，宣扬个性解放和婚姻自主，这是和当时充满乐观精神的时代相呼应的。

↑《罗密欧与朱丽叶》的插图

正当人们的心绪被他的喜剧和悲剧弄得大起大落的时候，莎士比亚突然创作了一系列编年历史剧：《约翰王》《理查二世》《亨利四世》上下篇和《亨利五世》。

莎士比亚的天才悲剧《罗密欧与朱丽叶》表明这段时期他的才华是如何地被发挥出来。那些美妙的剧本打动了多少人的心啊！这时莎士比亚刚过而立之年，他已经历了许多事情，他不停地思索着正义和真理，磨练自己锐利的眼光，使自己得以更加深刻地洞察人类的本性。我们看到，他的作品体裁几经变幻，说明他已经能够熟练地驾驭每一种形式了。

莎士比亚创造了一系列具有鲜活生命力的人物形象：青年情侣罗密欧与朱丽叶；柔弱怯懦的理查二世；

→《泰特斯·安德洛尼克斯》的插图

赳赳武夫福康勃立琪；朝气蓬勃的茂丘西奥；外号“炽烈的马刺”的潘西；贪婪而复仇心重的夏洛克；乐天派福斯塔夫。人物写得各个富有生气，莎士比亚比过去更广泛地考察人性了，他在每个人身上发现的不仅是一种愿望或一种激情，更主要的是他看到这些表面特点之外的东西，那是美或丑，善或恶，上帝或魔鬼。

对莎士比亚来说，创作和思考一刻也没有分开。在作品中，他又加入大量诗意的想象，这想象使极其平凡的事物也赋予了一种非凡的光彩。他用笔下的人物形象，表达出了最难以捕捉和表现的感情。他沉浸在创作的欢乐和狂热之中。

出众的智力和艺术才华也给莎士比亚带来了世俗的荣誉。1596年在公演历史剧《约翰王》之前，莎士比亚得到了英国国王的褒奖。他为他的家庭获得了一枚贵族纹章。根据当时的习惯，纹章只能授给家中的长辈，所以授给了莎士比亚的父亲。

父亲现在早已两鬓斑白了。他曾经为了儿子的前程送他进入文法学校读书，如果不是负债破产的不幸使他丧失了供养能力，他或许还愿意送他去读大学。使他宽慰的是，只读过文法学校的儿子通过自己的努力，已经赢得了一定的社会地位，当然还有相应的财产。

这一年，莎士比亚在一片称誉声里，第一次正式地回乡探亲了。以往他回斯特拉福探家几乎都是秘密进行的，或至少很少有人知道他什么时候回家。地主鲁斯还在时刻等着惩治他呢！

我们记得，莎士比亚是在他父亲家道中落时离开故乡的。他在伦敦开始独自谋生时，从事的几乎都是无权利的看马人的职业或干扫地等最下等的活儿。就算当上了“宫内大臣供奉剧团”的剧作家，穿上带有金银边饰的彩色号衣奔走于宫廷内外时，也绝不是一种荣誉，不过是做了高级一些的奴仆而已。现在，在故乡人的眼里，莎士比亚交上了好运，虽然他们从不了解他所吃过的苦，忍受过的伤害。他们开始尊称他为“莎士比亚先生”，因为在那个时代里还保留着许多封建等级的观念。

莎士比亚微笑着和他的乡亲们打着招呼，无论什么情况下，他都是这个样子。

他的老父亲眼含泪花，用手抚摸着那枚贵族纹章。纹章的图案上有一只白色的鹰，鹰爪上抓着一柄银头的金色长矛。纹章象征的就是姓氏“莎士比亚”这一含义，即“挥舞长矛的人”。这是一个漂亮的充满了英武精神的姓氏。纹章上有一句箴言：“并非无权”，它是想让人知道，演员威廉·莎士比亚也是一个贵族，他不是没有权利的。而且这枚纹章还暗示着莎士比亚和他的子孙以后都有世袭的贵族称号了。

这一次，莎士比亚在故乡待了很长一段时间。剧本的成功使他挣了很多钱，他想再不要让年老的双亲

←《仲夏夜之梦》的插图

和妻儿跟自己受苦了。他打算购置一套好房屋。当时在斯特拉福市中心有一幢石头建筑的大房子，这座房子的建造者是此前一百年的一位当过伦敦市长的贵族。房子离艾汶河上的一座石桥不远。

莎士比亚买下了这幢带有两个仓库和一个花园的房子，他把双亲和妻儿都安顿到这里。其实，莎士比亚买这所房子，不单单是为了让家庭拥有一份不动产，实际上，这更表明了他对故乡的一种深深的眷恋。我们将会看到莎士比亚至死都没有成为伦敦市民，他在晚年还是回到了小城斯特拉福。

莎士比亚尽管深知与双亲妻儿的团聚是多么可贵，他很愿意多停留些日子，但伦敦的剧场，伦敦的观众都在等着他，他们等着他的新剧本，他必须回去……

在一个清晨，莎士比亚与家人辞别，他的小儿子哈姆莱特紧紧地抓住他的衣襟、让他亲亲自己的小脸。莎士比亚真舍不得离开家乡，离开亲人，可是，毕竟戏剧的魔力对他来讲更大一些。他匆匆吻了一下儿子的额头，就马上转身上马，和另外两个同乡一起踏上了到伦敦去的路程。

儿子的一张小脸一直留在他的脑海里。小哈姆莱特已经11岁了，他已是文法学校的优秀学生，就像他的父亲当年一样，既聪明又淘气。莎士比亚在马上不停地胡思乱想。

刚一回到伦敦，莎士比亚就赶紧投身到新剧本的写作与修改之中。他正在赶写优秀的历史剧《约翰王》。

对莎士比亚来讲，现在既是他本人在事业上蒸蒸日上之时，又是他的家族摆脱了贫困生活，可与他共同享有成就的时候。可是，似乎命运要再一次考验他。

莎士比亚刚刚获得了贵族纹章，取得了绅士的资格，为自己的儿子准备了一个比自己踏上社会时所需的更高的社会地位，突然发生的事情使他这些世俗的情感和荣誉顷刻之间化为乌有。

哈姆莱特夭折了。

莎士比亚才刚刚离开斯特拉福3天，就又急匆匆地奔了回去。教堂的登记册上赫然写着："哈姆莱特，威廉·莎士比亚之子。葬于8月11日。"

莎士比亚清楚地记得儿子的出生、洗礼……还有最后一次向他仰起小脸让他亲的样子。

痛苦，有什么痛苦比这更难熬?

莎士比亚强忍住巨大的悲伤。他只能用写剧本的方式使自己忘掉残酷的现实。当时，他正在创作《约翰王》中的少年王子亚瑟的形象。当伦敦观众不久之后观看莎士比亚这个剧本的演出时，都被这个极可爱的孩子感动得流泪了。

小亚瑟是个天真、聪慧又坚毅的王子。他本是王位的合法继承人，但作为他叔叔的老国王却视他为一大障碍。终于，小亚瑟被杀害了，成了国王贪恋权力的牺牲品。观众们观看着这些场面，诅咒着国王们骇人听闻的残忍，对于他们来说，世上没有什么神圣的

→《无事生非》的插图

东西。观众们同情地倾听着小亚瑟的母亲、王后哀痛的呼号："小亚瑟是我的儿子，他已经失去了！我没有疯；我巴不得祈祷上天，让我真的疯了！因为那时候我多半会忘了我自己；啊！要是我能够忘了我自己，我将要忘记多少悲哀！"

观众们一边听着，一边被感动得唏嘘落泪。可他们并不知道，感染他们的实际上是莎士比亚本人的悲痛。他必须把自己的悲哀尽情倾吐，这是他悼念亡儿的哀诗，是他在痛苦绝望的状态中，唯一可以发出的声音。他想象着儿子濒死的挣扎，痛苦万分；想象着死亡的苍白，枯瘦纤细的身体，把孩子带进坟墓的热病的致命发作。带着这些想象，他忘我地创作着。

哈姆莱特，莎士比亚以后多少回叫喊着这一名字啊。对他来说，这是世界上所有的名字中最可宝贵的。大概是对儿子的痛苦的忆念使他以哈姆莱特命名了悲剧名篇《哈姆莱特》及其中的丹麦王子吧。

儿子是所有家族得以延续不绝的一环。莎士比亚命中注定没有子嗣。但是，他却使自己儿子的名字永垂不朽了。

相关链接

XIANGGUAN LIANJIE

《约翰王》

《约翰王》这部历史剧是莎士比亚根据一出老戏《约翰王的骚乱不安统治》改编的，在1598年前就已写成，但直到1623年对开本出版时才得以刊行。《约翰王》虽是全剧中心，但莎士比亚把他描写成为在急剧变化的多事时代中一个摇摆不定的统治者。约翰王统治时期的不安根源来自他从他的侄子、理查一世的儿子亚瑟王子手中篡夺了王位，而法国国王、英国贵族和教会都站在亚瑟一边。接着发生了法国和英国之间的战争，但战争以英国取胜、亚瑟被俘结束。约翰唆使狱吏胡伯特杀死亚瑟，但胡伯特饶了他的命。后来亚瑟在越狱逃跑时摔死。贵族们出于愤怒都参加到法国一边反对国王的背信弃义行为。但是命运对于法国不利，法国军队撤退了，而懦夫约翰也在斯文司台德寺院死去。剧中有力地描写了亚瑟的母亲康丝坦斯的悲痛。

“环球”的兴衰

千万不要满足于你已有的成就，要成长，成长，再成长。

——克劳夫

“宫内大臣供奉剧团”当初租用的是亨斯洛的地皮，自建剧场。1596年，合同期满，亨斯洛拒绝延长租约，他们只好搬家。在泰晤士河南岸斗鸡场旁边，他们买了一块土地，于是剧团的全班人马在刺骨的寒风中，带着自己的家当迁到这里。次年整个春天，工人们加班加点重建了自己的剧场。这是一个圆圆的“○”字形木建筑，应有的设施一应俱全。中间的舞台用帐幕遮住，戏开演时才打开。普通的观众就坐在四周看戏。在比舞台高一点儿的长廊上设有包厢和乐池。人们望眼欲穿，终于盼到了剧场旗帜首次升起，旗上是一个巨神，肩扛地球，旁边赫然写着：“世界是个大舞台”。

这显然出自莎士比亚的手笔，短短的一句话就已经暗示出了天才戏剧家的伟大气魄。莎士比亚给剧场

莎士比亚圆形剧场

起了一个同样有气魄的名字“环球”。“环球”剧场在当时算得上是全伦敦城最大和最美丽的剧场。

新的剧场的落成激励着莎士比亚进行新的创作。这时的莎士比亚同其他几个主要演员都已成了“环球”剧场的股东。或许，仅仅从商业角度考虑，莎士比亚都应该更加努力地创作。但实际上，他这个时期的剧本却更具有宝贵的全人类的精神价值。

仅仅在新剧场落成的一年之中，莎士比亚就连续地写出了3部优秀的新剧本。那就是悲剧《裘力斯·凯撒》，两部喜剧——《皆大欢喜》和《第十二夜》。

这一时期由于对社会本质的认识更加深刻了，莎士比亚曾经坚信的人文主义理想也就出现了危机。这明显地反映在他的创作上。此阶段悲剧和喜剧同时发展，但却更倾向于悲剧色彩。这时的喜剧已丧失了早期喜剧那种活泼的气氛，轻松的细节让位给严肃的情绪和尖锐的批判；对爱情、友谊等美好感情的赞美转化为对社会黑暗、丑恶的暴露。在《皆大欢喜》中，作者刻画了森林中的乌托邦世界，来与丑恶的现实世界相对比。这说明莎士比亚逐渐认识到了理想与现实之间存在着难以解决的矛盾。

←《裘力斯·凯撒》的插图

莎士比亚的这几部喜剧的演出获得了非凡的成功，这些是他在16世纪最后几年所作的。世界公认《无事生非》《皆大欢喜》《第十二夜》是莎士比亚喜剧创作的高峰，仅这一年就写了两部。这样的创作效率在1597年之后再不曾有过。

莎士比亚用了几乎一年的时间写了《哈姆莱特》。这是一部充满血与泪的惨剧，集中反映了莎士比亚对社会黑暗的暴露和批判的思想。同时这也是他的人文主义理想最集中体现的戏剧。莎士比亚在这个剧本中提倡人道，反对中古神道，把人比作天神，歌颂人的伟大和力量，说人是“宇宙的精华，万物的灵长”。莎士比亚在主人公哈姆莱特身上寄托了自己的理想，哈姆莱特的思想代表了人文主义理想，同时他的内心矛盾也反映了人文主义理想内在的矛盾。

《哈姆莱特》演出时，莎士比亚还亲自扮演了国王的鬼魂。

这个剧本的成功是前所未有的。除了在通俗剧院面向广大市民演出外，还由“宫内大臣剧团”带到剑桥和牛津去演。这非比寻常，因为这两所著名的大学历来认为民众戏剧是“不登大雅之堂的游戏”。现在莎士比亚用他那伟大的天才和技巧，在通俗和高雅这两个领域都受到了极大的欢迎。

《亨利八世》的插图

莎士比亚再次辉煌的这段时期，他已经快四十岁了。“环球”剧场于是开始注意招收新成员。不久，在文艺复兴时期的英国戏剧中占有重要位置的本·琼生出现了。

本·琼生比莎士比亚小8岁。他生性好斗，喜欢冒险，但很有才气。他参加过军队，在两军对垒之前就与对方士兵决斗。这么一个人，在回到伦敦后，开始写剧本。他曾写了一部讽刺喜剧《狗岛》，引起伦敦市民的骚乱，惹恼了当局。本·琼生被关进监狱。这件事甚至牵连到其他剧院，导致许多家剧院跟着中断了好几个月的演出。

自《狗岛》风波之后，本·琼生剧中的好斗气减少了，这样，他的才华才得以平平安安地发挥出来。琼生的加入，使“环球”剧场的卖座率更高了。

像本·琼生这样的新剧作家和莎士比亚很不同。琼生不再关心古代希腊和罗马的历史，而主张直接取材于日常生活。他好写辛辣、讽刺的作品，这又和莎士比亚冷静、博大的审美趣味不同。本·琼生虽然很欣赏莎士比亚的戏剧，对他通过有血有肉、性格突出的人物来表现深邃的生活很敬佩，但他又认为莎士比亚缺乏古典文学修养，戏剧中内容太多太杂，而使剧情看起来不够集中。这些批评从某种角度讲，或许不

←《皆大欢喜》的插图

无道理，但本·琼生过于自高自大，其看法也未全可信。尽管他不赞同莎士比亚不合传统的艺术，但仍承认他的伟大。莎士比亚是个心胸率直、坦荡的人，他从不计较小事，也毫无妒才之心，这些都是本·琼生所无法否认而且将世代为人称赞的。不管怎样，他们二人终归还成了朋友。这就是伟大人物的品格。

这个时期的英国社会生活中的各种矛盾日趋尖锐，专制政体的进步性已丧失，贵族集团内部的分崩离析明朗化起来，代表贵族利益的王室和资产阶级争夺政权的斗争日趋激烈。

1601年，上演《哈姆莱特》的前6个月，伦敦爆发了由爱塞克斯发动的反对女王的叛乱。叛乱很快就被镇压下去了。

爱塞克斯曾一度是伊丽莎白女王的宠臣。他憎恨围绕在女王周围的一些“小人”。特别是一些无名鼠辈不择手段地钻营更引起他的愤怒。他曾经在英西战争中指挥英国海上舰队打败了西班牙人，这一胜利使他在全国赢得了声誉。女王对他十分垂青，而且他的功勋也使伦敦市民中有一部分人拥护他。久而久之，开始有人向女王告密说爱塞克斯有阴谋造反之心。其实女王本人对爱塞克斯在民众中的威望也已有些担心了。

1599年，英国的爱尔兰领土发生了一场农民起义，女王听取了其他几位大臣的建议，一面派遣爱塞克斯前去镇压，一面暗中削减他的军队人数。当爱塞克斯发觉上当后，已无力再镇压起义，就与起义农民缔结了和约，然后急急忙忙回到伦敦。他入宫廷要求见女王一面，遭到冷遇。他开始对女王失去信心。不久，爱塞克斯被指控为违抗圣命、出师不利而被软禁了起来，等待判决。实际上判决早已内定，爱塞克斯给女王写了一封信，表示自责，但女王不予理会，她甚至怀疑爱塞克斯的真诚。

在软禁中，爱塞克斯受到支持者的激将，开始策划谋反。因为人数不多，他们就鼓动市民参加暴动。因此，他们花大价钱到“环球”剧场点戏《查理二世》。在这出戏中有一个处死国王的场面，他们想借此挑起伦敦市民的叛乱情绪。

爱塞克斯在自家院子里集合了三百多人。他们开始向王宫方向冲去。女王得知叛乱情况后，立即派传令官宣布爱塞克斯为叛徒。爱塞克斯的一些部下一听到“叛徒”一词，离开他混进人群，而伦敦市民则急忙躲进家里，谁也不出来帮他。女王的军队很快就包围了他的人马，爱塞克斯见局势无可挽回，只得举手投降。不久，爱塞克斯被处死，支持他的南安普敦伯爵也被捕入狱，连莎士比亚所在的剧团“宫内大臣供奉”也差一点儿受到株连。他们从此再不能把戏剧艺术视作消烦解闷的游戏了。由于有莎士比亚在，戏剧越来越学会了触及生活的痛处。

爱塞克斯的故事是悲惨的。他当年的飞黄腾达和

→《李尔王》的插图

最后的没落受死充满了戏剧性，这戏剧性是引人深思的。当然，这一切连半点儿都不会逃过富于想象力而又极其敏感的莎士比亚的眼睛。这个事件在他的心灵上引起了巨大的震荡，使他越来越注意到了现实世界的繁杂与混乱。一个早期人文主义者对于王权的幻想，现在已经完全破灭了。他悲观、失望，然而戏剧家所有的思想只有通过戏剧才能生动地表达。他在这一时期的悲剧创作，正是他的伟大心灵关照社会矛盾的结果。

1603年3月24日凌晨两点，伊丽莎白女王驾崩了。女王终生没有后代，于是围绕着王位继承权问题，全国上下又被搅得一片混乱。最后，苏格兰的詹姆士一世当上了英国国王，这是一个笨蛋式的专制暴君，但他却经常附庸风雅，喜欢看戏。莎士比亚所属的“宫内大臣供奉剧团”在当时是最优秀的，被詹姆士一世命名为“王家供奉”剧团。

人们原以为新王朝会带来实现和平与安定的希望。他们翘首以待，但等到詹姆士时期真开始了，他们又都感到莫名其妙，大失所望了。伦敦到处充满了追名逐利的人，宫廷中一派辉煌景象，但国民生活中却失去了光辉迷人的魅力。再没有什么事情，例如英国的海上大捷和累累战绩，来振奋英国人的精神了。昔日的光荣已成过眼烟云，他们的黄金时代一去不复返了。

莎士比亚最伟大的悲剧均属这一时期，都是幻灭所产生的极其优美动人的作品。《终成眷属》与《一报还一报》一类喜剧也不是为引人发笑而写的，它们是莎士比亚在生活中有了更深刻的感受之后的表达。他歌颂“仁慈的德行”，贬斥“邪恶的化身”。在《一报还一报》里，莎士比亚把批判的矛头直指统治者本身。剧中的安哲鲁是社会中法律与正义的代言人。表面上，他是持身严谨，正直无私的君子，而在庄严的外表，清正的名声和高高的官阶的重重掩饰下，却是一个罪大恶极的魔鬼。他把持国政，操纵人的生死，将法律供自己驱使，是非善恶都由他任意判断。在这样一个人统治下，社会成了黑白颠倒的“万恶的世界”。这出剧表达了莎士比亚对现实中统治者的极度失望。

剧团成了“国王供奉”之后，其中主要成员均被封为内廷近侍，莎士比亚自然是其中之一。既已封为皇家官员，莎士比亚从此周旋于达官贵人之间，但他依然故我地寻求自己心中的理想。

作为国王本人供奉的剧团，“环球”剧院的全体同仁从此频繁地在宫中各种庆典中献艺。不久，莎士比亚又写出了两个杰出的悲剧：《李尔王》和《麦克白》。由于是在宫廷中上演，它们与以往的剧本就要有些不同。正如“王家供奉”剧团的名字所暗含的，它应当歌颂庇护它的君王。要写一部能获得统治者青睐的剧本，可得处处小心，稍不留意，就可能触犯天颜。每当这种时候，全剧团的人都把希望寄托在莎士比亚身上。

既要在表面上讨国王的欢心，又能够表达出自己对统治者的真正评价，为此，莎士比亚开始阅读苏格兰的历史，想在其中寻找合适的题材。1606年，他写成《麦克白》。在此剧中，他增加了对宫廷的必要奉承，把国王邓肯写成一个善良、正直、仁厚的君主，并大力宣扬君权神授说，因为詹姆士十分坚信是上帝赋予了他手中的权力。当演员们念着优美的台词时，国王詹姆士面带满意的笑容环视众人，他的那些奴颜婢膝的大臣们则在一旁不住点头，装模作样地表示赞同。

↑《麦克白》的插图

聪明的莎士比亚使剧团大受嘉奖。然而，国王詹姆士是不会看出莎士比亚的意图的。人文主义戏剧家把自己对最高统治者的评价，表现在了杀君夺位的麦克白身上，那才是面目狰狞恐怖的暴君的化身。邓肯不过是作者心目中理想的国王罢了。

1607~1608年，莎士比亚家里变故很大。先是他的父母先后去世，紧接着他的大女儿苏珊娜出嫁了，除此而外，“王家供奉”剧团又买了新的演出场地。但无论发生什么事情，这段时间，莎士比亚从未中断写作，或许他感觉到自己不再年轻了吧。

越是多事之秋，越产生伟大的作品。对宫廷和社会中矛盾和不公正的敏锐意识，加上个人生活的一些感受，使莎士比亚把满腔热情都倾注到了另外3部悲剧中。那就是《安东尼与克莉奥佩特拉》《科利奥兰纳斯》和《雅典的泰门》。

在这些悲剧，以至在他所有的悲剧中，莎士比亚以历史故事再现了他所处的黑暗的时代。他已经在伦敦这个政治、财富、社会矛盾以及罪恶都高度集中的都市里，生活了二十多年。丰富的阅历和广阔的精神世界，使本来就心地善良、嫉恶如仇的人文主义理想者莎士比亚透过表面现象看到了这个社会的黑暗与丑恶。当时伦敦的观众也都渴望把悲惨不幸的人生搬上舞台，以寻求解释。在他的悲剧中，世界就是“一所很大的牢狱”，正义无路可走，邪恶则扬眉吐气。他又把对社会的认识集中到了对人的认识，一边展示广阔的人生，一边又剖析精微的人性。

之后的几年冬天，不知为什么出奇地冷。“环球剧场”的露天结构使其经营极为惨淡。不久，他们建成室内剧场“黑花剧院”。这期间，“王家供奉剧团”招收了两位新人——波蒙和弗莱彻。

其实，莎士比亚一直都在寻找自己的接班人。他喜欢支持有才华的青年剧作家。而且随着年华的流逝，他的心已逐渐厌倦了这种紧张的争斗，向往起纯朴、宁静的乡间生活。波蒙和弗莱彻的加入，又给了莎士比亚很大的鼓舞。

如今，在历史剧、悲剧和喜剧领域，莎士比亚都写出了大量优秀的作品。正当他攀上了悲剧创作的高峰时，却突然把这些艺术发现和灵感成果让给新人去利用，自己另外选了一条新路。大概只有真正的天才人物才有如此胆量，这样慷慨大方吧。

他选择的这类戏剧既非喜剧，又非悲剧，而是两者离奇的混合。如果从它的“结局好，一切都好”的圆满结尾来看，近似于喜剧，但在这一结尾到来之前，是许许多多的灾难。传奇剧正是以无尽无止的种种意外吸引着观众。

当时的戏剧界已经发生了很大变化。与莎士比亚同时代的剧作家死的死、老的老，新一代的剧作家正在崛起。有些人感到替宫廷贵族写作和演出更为有利可图，于是纷纷写起了王室所爱好的剧本，甚至在戏剧界出现了迎合宫廷贵族趣味的流派。

本·琼生就正在忙着为宫廷效劳，写一种优美的假面剧。假面剧的主题抽象，善和恶按照道德剧的惯

《一报还一报》的插图

例被赋予人形，但都穿上极为考究的服装，它们在剧中彼此较量，最终总是以善得胜结束。演出时舞台效果逼真，言词高雅，举止雍容，再加上靠以神话传说为内容的故事情节，造成浓重的浪漫喜剧气氛，正适合达官贵人们消遣娱乐。

如果去写这种独幕假面剧，莎士比亚会赚一笔大钱。然而艺术家的气质战胜了商人的品格。他一生从未写过假面剧。

莎士比亚一如既往地为广大市民写作。他越来越快地挥动手中的笔用传奇剧的格调，一连写了4个剧本，即《泰尔亲王配力克斯》《辛白林》和《冬天的故事》《暴风雨》。即使在写传奇剧时，他也没放弃通过梦幻形式寄托他心中崇高的人文主义理想。

传奇剧中，莎士比亚在悲剧中抨击邪恶，贬斥现实的锐利笔锋已变得分外柔和。痛苦与不幸在美好的希望中悄悄融化，一切不愉快最终都得到了愉快的忘却。

1613年，莎士比亚和弗莱彻合写的《两个高贵的亲戚》中，也具有传奇成分。当年，他们又合写了历史剧《亨利八世》。

这些新的剧本都受到了伦敦观众的喜爱。但有一个剧作家不能接受它们，这个人就是著名的本·琼生。

他认为剧中大量的冒险事件不能让人相信，因为他主张戏剧要直接表现日常生活，要对人有直接的教益。

莎士比亚从来就没有离开过别人的批评。

但无论如何，他已用自己的巨大热情写出了这些剧本，只能让时间和观众去评说。这些已是他最后的剧本了。

莎士比亚一直是个清醒的现实主义者，时刻都不忘批判社会的弊端。同时他又是一个坚定的理想主义者，坚信人类最终会克服自身的罪恶，在未来社会里达到自我的完美实现。他后期的戏剧正是这两种思想的继续。当时英国社会的矛盾与危机比他创作悲剧时更严重，实现人文主义理想的任何可能性都被无情地粉碎了。苦闷的莎士比亚在现实中找不到出路，只有暂借传奇剧的形式，把理想的表达寄寓在未来和想象之中，因而他的理想必然染上奇谲的梦想色彩，显示出朦胧的空想性质。

48岁这一年，莎士比亚决定脱离剧院，返回家乡。长年累月的工作使他的身体大不如前，而且他也不再有青年时代的虚荣心，他渴望能和家人相聚，享受天伦之乐，过一个幸福的晚年。

在离开伦敦之前，莎士比亚参加了《亨利八世》的演出，这是他最后一次亲自扮演自己剧本中的角色。

事情非常巧合的是，在演出期间，“环球剧场”突然失火了。木头烧得很快，霎时间一座宏伟的建筑变成了一片焦土 。本·琼生后来说：“看，这世界的废墟。”这其中似乎另有一番意味。这座莎士比亚亲自参与建立的伦敦城里最美丽的剧院，伴随着莎士比亚的即将告老还乡而化为乌有。1613年这场大火标志着他戏剧生涯的结束。他把自己全身心都投入了那座剧场，所以剧场的焚毁好比是摘了他的心肝或是打断了他的一条腿。他真的该回家去了。

就这样，莎士比亚抛弃了喧闹的伦敦和忙乱的剧院生活，返回了故乡斯特拉福。

为了这次返乡，莎士比亚早就做了准备。他多年来积攒了一笔财产，购买了宽敞的房屋，并附有花园，莎士比亚过起了悠闲自在的乡村生活，正如童年时一样，他与大自然又建立起了亲密无间的关系。人们经常看见他在花园的绿荫下乘凉消暑。

莎士比亚晚年和他的两个女儿生活在一起。儿子的早逝使他把更多的爱给了女儿，这在莎士比亚最后的剧本《冬天的故事》和《暴风雨》中均有体现。长女苏姗娜结婚早，小女儿朱迪丝因为天生迟钝，到30岁在莎士比亚死前10个星期才结婚。

1616年4月，本·琼生到斯特拉福来访问莎士比亚。莎士比亚已经很久未去伦敦了，见到琼生后他十分高兴。两个人开怀畅饮，以叙旧事。大概因为莎士比亚多喝了几杯酒，回家后染上了寒热病，竟卧床不起，在1616年4月23日逝世，终年53岁。恰巧这一天正是他的生日。教区记事录记载他下葬的日期是1616年4月25日。

莎士比亚的遗体被安葬在斯特拉福的圣三一教堂。后人为他立了一副胸像，在他的墓碑上刻着这样的墓志铭：

看在耶稣的分上，朋友，
切莫动底下的这抔黄土！
让我安息者上天保佑，
移我尸骨者永受诅咒。

上天也确实让莎士比亚安息，他的墓至今不曾动过。

相关链接

XIANGGUAN LIANJIE

《裘力斯·凯撒》

《裘力斯·凯撒》这是莎士比亚的一部罗马悲剧，大约在1599年演出，刊行于1623年。情节来自普卢塔克《希腊罗马伟人传》的诺斯英译本(1579)。戏从公元前44年凯撒从西班牙战役凯旋开始，人们欢乐地拥上街头。但是凯撒的光荣并非全是好事。他势力太大了，野心太大了。他已经拥有了独裁的权力回到罗马，他曾经三次被人献上他暗自想望的皇冠，但在欢呼声中他又三次表示拒绝。他在民众面前装模作样，晕倒，全是做戏。热爱自由的罗马人，主要是加西乌斯和卡斯卡，正在酝酿着一场反对他的阴谋。他们把凯撒的最好朋友、高贵的布鲁塔斯也争取过去了——他本来不大情愿，参加他们这一行动完全是出于对罗马共和国的无私的爱。这样，凯撒就在元老院里被刺杀了。加西乌斯想把拥护凯撒的安东尼也杀掉，但布鲁塔斯不赞成。安东尼在布鲁塔斯之后接着发表一篇演说，奸诈然而却是非常成功地煽动起罗马民众反对布鲁塔斯和加西乌斯，把他们赶出了罗马。这时凯撒的侄子屋大维来到罗马。布鲁塔斯和加西乌斯在萨尔狄斯扎下营帐。安东尼和屋大维向他们进攻。凯撒在死后仍然影响着全剧。他的鬼魂常常出现在布鲁塔斯面前。加西乌斯在战斗中被杀。布鲁塔斯伏刃自尽。屋大维胜利了。剧中最优秀的人物是布鲁塔斯，他的高贵品质赢得了所有人的敬重。

《皆大欢喜》

《皆大欢喜》这部喜剧约于1599年演出，1623年初次发表。剧情根据托马斯·洛奇的散文传奇《罗萨琳》改编，内容富于传奇色彩和田园情调。心术不正的贵族弗列德里克篡夺了他兄长的公国。老公爵带着少数追随者进入阿登森林里避难。他的女儿罗萨琳仍然留在宫里和篡位者的女儿西莉亚住在一起，因为她们是好朋友。一天，宫里举行摔跤，年轻的孤儿奥兰多前来参加比赛。他的坏哥哥奥利弗唆使一个摔跤手要把他摔死，但他却摔死了那个摔跤手。罗萨琳爱上了奥兰多，奥兰多也爱上了她。这时，弗列德里克把罗萨琳从宫中赶走。她女扮男装和好朋友西莉亚一起到森林去。奥兰多为了寻找她们，也到森林里参加了被放逐的公爵一伙。当化了男装的罗萨琳在森林里见到奥兰多时，她教他向她求爱，仿佛她就是他的罗萨琳似的。奥利弗赶到森林来要杀奥兰多，却被他从饥饿的母狮爪下救出来。奥利弗为此表示悔过并被西莉亚接受为未婚夫。在西莉亚和奥利弗的婚礼上，身穿新娘礼袍的罗萨琳出现在老公爵面前，使得大家又惊又喜。篡位者弗列德里克在“一位虔诚的老人”感化之下，把公国又归还给罗萨琳的父亲。剧中其他重要人物还有欢快的宫廷小丑试金石和忧郁的廷臣杰奎斯。《皆大欢喜》是莎士比亚最吸引人的喜剧之一。

《第十二夜》

《第十二夜》这部喜剧约在1600~1601年间上演，初次刊行于1623年。场景设在亚得里亚海岸的伊利里亚。塞巴斯蒂安和薇奥拉，一对长得非常相似的孪生兄妹，在伊利里亚附近海上的一次船祸中失散了。薇奥拉上岸后女扮男装，用了“西萨里奥”这个名字，做了伊利里亚的年青公爵奥西诺的侍仆。奥西诺爱上有钱的伯爵小姐奥丽维娅，派薇奥拉作为信使替他向小姐求婚。薇奥拉呢，已经爱上了奥西诺，把恋爱的感情表达得如此精彩动人，奥丽维娅不但没有爱上公爵，反倒爱上了这位侍仆。此外，奥丽维娅有一个自命不凡的管家马伏里奥，一个机灵的侍女玛利亚，还有爱喝酒吵闹的叔叔托比爵士——他哄骗着他的朋友、傻里傻气的安德鲁·阿古契克爵士向奥丽维娅求婚。由于马伏里奥责备托比爵士酗酒，玛利亚和托比爵士想出一套计策让马伏里奥相信奥丽维娅爱上了他。当他信以为真，按照这种想法行事的时候，他们就宣布说他发了疯，把他锁进屋里。此后，托比爵士以为薇奥拉真成了奥丽维娅的情人，就说服胆小的安德鲁爵士向她发出决斗挑战书。在决斗时，薇奥拉和安德鲁爵士互相害怕对方。但是决斗被安东尼奥船长阻止了——他曾在海上救下了塞巴斯蒂安，现在把薇奥拉错当作她的哥哥。塞巴斯蒂安此时也来到伊利里亚，同样被奥丽维娅错当做他的妹妹。当误会澄清以后，这个戏就以几对情人的合理婚配而结束。

《李尔王》

《李尔王》这部伟大悲剧演出于1606年，初版于1608年。主要情节根据一个英国古代传说。不列颠国王李尔，一个刚愎自用的老人，打算放弃对国事的管理，并且把他的领土分给他的三个女儿高纳里尔、里根和考黛莉亚，但先要问问她们三个人谁最爱他。高纳里尔和里根说些好听话，赢得他的信任，每人都分得了三分之一的国土。考黛莉亚鄙视她们的谄媚行为，只说她像一个女儿应该的那样爱她的父亲，既不多也不少。她这番质朴的老实话却惹得她父亲大为生气，不但什么也不给她，还把她那一份土地分给她的两个姐姐。李尔只保留着国王的称号和一百名骑士侍候他，开始轮流跟着他那两个大女儿在一起过日子。很快，他就认识到高纳里尔和里根的真正品性——她们不愿奉养他，剥夺掉他所有的卫士，侮辱他，威胁他，最后在暴风雨中把他赶出门外。李尔老人疯了，在他种种不幸之中，陪伴他的只有乔装的肯特伯爵和一个宫廷弄臣——后者对他所做出的蠢事一直进行着亲切而尖刻的嘲笑。他的小女儿考黛莉亚嫁给了法国国王，率兵打回英国来救她的父亲，但打了败仗，与李尔一同被俘。戏结束时老国王把他死去的小女儿抱在怀里，悲痛欲绝。然后，他也死去了。《李尔王》还有一个次要情节：另一位父亲格罗斯特也是因为对于自己儿子的性格判断错误而深受忤逆不孝之害。剧中主要情节和次要情节互相交织在一起。

《麦克白》

《麦克白》大约写于1606年，初次刊行于1623年。情节根据贺林希德的《苏格兰编年史》。苏格兰大将麦克白在荡平内外敌人中立下战功，因而“从各方人士中赢得了盛誉”。戏开始时，麦克白及其副将班柯从平叛战役中凯旋，遇到三个女巫，她们预言麦克白一定会成为考道地方的主人，然后成为国王。很快传来消息：苏格兰国王邓肯册封麦克白为考道的领主——第一个预言实现了。野心促使他追求更高的地位，他的妻子麦克白夫人也是个野心勃勃的人，她帮助他采取进一步的行动。恰好国王邓肯来访问麦克白，当晚在他的城堡里住下。在妻子的怂恿下，麦克白杀害了邓肯，自己做了苏格兰国王。班柯对他怀疑，他便派人把班柯刺杀。为了保持权力，麦克白犯下一桩又一桩残暴罪行。他的统治成为一连串骇人听闻的罪恶，麦克白自己也经常处于内心痛苦之中。当他举行宴会时，班柯的鬼魂突然坐在国王的交椅上，于是宴会在恐怖中惊散。麦克白向女巫们求教，她们告诉他要提防费夫领主麦克达夫，还说凡是女人所生下的人都无法伤害他，又说除非伯南姆森林会移动到邓西嫩，他绝不会被打败。麦克达夫参加了邓肯的儿子麦尔考姆在英国所集结的造反军队，麦克白就派人杀死他的妻子儿女。与此同时，麦克白夫人的精神失常了。她害怕黑暗，成为梦游者，而且常常要洗掉她自己才看见的手上的鲜血。不久后，她死了。消息传来：伯南姆森林真向邓西嫩移动了，因为造反的士兵们在开向邓西嫩时都把树枝举在头上遮阳。前来迎战的麦克达夫原来是一个早产儿，他杀死了麦克白，这样一切预言都实现了。麦尔考姆被欢呼着拥戴为苏格兰国王。这是一部描写野心的悲剧：野心驱使一位勇敢的将军和民族英雄堕落成为一个血腥的杀人犯和暴君，直至灭亡。

本·琼生

本·琼生（1573～1637）英国抒情诗人与剧作家。他的诗纯朴，富有旋律般的美。抒情诗《致西丽娅》被谱成歌曲，为广大群众所喜爱。琼生也是文艺复兴时期最有成就的剧作家之一。他的剧本

《伏尔蓬》《炼金术士》，将讽刺喜剧发展到很高的水平，对莎士比亚以及后来王政复辟时期的剧作家均有教大影响。

《亨利八世》

《亨利八世》是莎士比亚与约翰·弗莱彻合作的一部历史剧，大约写于1612年，上演于1613年。这出戏，与其说是一部结构完整的戏剧，不如说是一组结构松散的插曲。一开始，出现的是亨利八世宫廷的两位大臣白金汉公爵与沃尔西主教之间的勾心斗角。与此同时，亨利遇见并爱上安妮·波仑，假意说他娶了王后凯瑟琳感到良心不安，因为凯瑟琳本来是跟他死去的兄弟订过婚的。于是就安排国王的离婚。凯瑟琳王后受到审判。她在受审时所表示出的尊严和退让描写得非常生动。尽管沃尔西反对，离婚还是批准了。亨利撤了沃尔西的官职，没收了他的财产。然后，亨利与安妮·波仑结婚。安妮被加冕为王后并且生了一个女儿伊利莎白公主，即后来的女王。坎特伯雷大主教克兰默在促成国王与安妮的婚事上有功，继沃尔西之后受到亨利宠信。剧末，克兰默发表演说，预告未来的伊利莎白女王统治时期的繁荣昌盛。

莎士比亚的戏剧

风格独树的作家并不是不模仿任何人，而是任何人也模仿不了他。

——多布里昂

历史剧

莎士比亚的历史剧，概括了13世纪到15世纪末的英国历史。在莎士比亚出生前不久，英国历史上有较长一段时间出现封建贵族割据、战乱不休的局面，从而妨碍了资本主义的发展。资产阶级要求建立强大的中央王权以消灭封建割据，镇压人民起义，为资本主义发展提供统一的国内市场。作为资产阶级代言人的人文主义者，也都拥护中央集权，反对封建割据，主张国家民族统一，莎士比亚的10部历史剧，集中反映了人文主义者的这种政治理想。他还在历史剧中塑造了一系列反面君主和理想君主的形象，一方面批判封建暴政，一方面表达他的政治理想：通过道德改善产生开明君主，进行自上而下的社会改革，建立和谐的社会关系和理想的社会制度。

《亨利四世》上下篇是莎士比亚最著名的历史剧。上篇主要写亨利四世篡夺了其兄的王位后，引起各封建主的不满，纷纷作乱。故事开始是封建领主潘西一家发起叛乱，国王与两个儿子率师讨伐，平定内乱。此剧中首次出现约翰·福斯塔夫这个人物。他是封建关系解体时期的流氓、雇佣兵和冒险家，伙同乡下一群平民，为非作歹，拦路抢劫，拿不义之财到酒店寻欢作乐。“野猪头酒店”是他们经常聚会的场所。皇太子威尔斯平时常和他们一起厮混。剧中一主要情节是波因斯定计叫太子参加抢劫，等福斯塔夫一伙分赃时，他与太子两人化装后上前袭击，吓跑众人。福斯塔夫被吓跑逃回，却在太子面前编造连篇谎言来掩饰自己的怯懦，结果遭到一顿奚落。战争爆发后，太子委任福斯塔夫当队长，在战场上福斯塔夫见了敌将，装死躺下。敌将被太子杀死后，福斯塔夫却背着尸体伪称是自己杀的，冒领军功。

下篇描写叛乱被平定后，亨利四世卧病，不久死去，太子登基，为亨利五世。福斯塔夫和他的党徒们在平民社会里活动。他在酒店里饮酒作乐，在背地里诽谤太子，却被乔装酒保的太子听见，当场受到申斥。福斯塔夫到乡下征兵公开受贿，又在乡村法官家里吃喝行骗，借走1 000镑钱。太子即位后，福斯塔夫自以为和太子有交情，就此可以青云直上，受到重用，谁知太子已改邪归正，不仅与这伙流氓疏远，而且下令放逐他们，在他们违抗命令时，就把他们关进监狱中。

《亨利四世》的主题思想是写太子不务正业，与流氓鬼混，即位后改邪归正，通过他的道德改善，反映作家改造封建君主的理想。主要人物福斯塔夫是封建关系崩溃时期无衣无食的雇佣兵和冒险家的典型。他是个道德败坏的酒色之徒，专靠偷盗和招摇撞骗为生，却又总随口诌出各种理由来为自己的丑行辩解，以锋利的言辞对世事加以讽刺和讥笑。他出身封建阶级，却蔑视封建荣誉观念；他身上沾满没落阶级的坏习气，却又时而流露出平民社会底层人物的乐观精神。正是通过这个小人物的行为和冲突，莎士比亚生动地再现了封建关系解体时期平民社会的真实情况。

喜　剧

莎士比亚一生共创作13部喜剧，主要表现他的人文主义理想。作者不仅刻画了一系列敢于反抗封建压迫、要求个性解放的生动形象，尤其是女性形象，而且每个剧本从主题到细节都闪耀着反封建反宗教的思想光辉。作者歌颂爱情自由，婚姻自主，充满诗情画意。生动丰富的情节、葱绿的大自然背景和诙谐幽默的语言，使喜剧具有青春的气息。当然后期的3部喜剧在乐观情绪上已罩上了一层罪恶的阴影。13部喜剧中，《仲夏夜之梦》《威尼斯商人》最为优秀。

《仲夏夜之梦》是莎士比亚最富浪漫色彩的喜剧，剧中神话世界和现实世界相交融。故事假设发生在古希腊神话时代，但人物的思想感情和道德准则却是莎

←《威尼斯商人》的插图

士比亚时代的。

少女赫米娅与拉山德相恋，但她父亲强迫她嫁给狄米特律斯；狄米特律斯原来与赫米娅的女友海丽娜相好，后来见异思迁，想与赫米娅结婚，海丽娜却仍痴恋着狄米特律斯。根据雅典法律，女儿必须服从父亲旨意，否则父亲可以把她任意处死或者送她终身进修道院。赫米娅决意反抗，与拉山德相约私奔，想逃到外邦去结婚，决定晚上在村外树林里见面。不幸赫米娅把这情况告诉了海丽娜，海丽娜又向狄米特律斯走漏了风声，结果狄米特律斯去追赫米娅，海丽娜又去追狄米特律斯，4个人都在夜间到了树林里。

这个树林原是精灵们出没的地方。有一种叫“爱女赖花”的仙花花露滴到谁的眼中，谁就会爱上第一眼看到的人，于是闹出了许多笑话。后来在仙王的帮助下，各人都投入原来情人的怀抱，并举行了婚礼。

这出喜剧以爱情为主题，讴歌了恋爱自由和婚姻自主，表达了人文主义者对爱情和婚姻的看法，在当时有很大的进步意义。莎士比亚把神话和现实结合起来，用独创的笔法描绘了爱情的幻想世界，诗意浓郁，令人神往。

《威尼斯商人》是莎士比亚最著名的喜剧。剧中，威尼斯贵族巴萨尼奥准备向富家女鲍西娅求婚，跟他的好友威尼斯商人安东尼奥借钱，安东尼奥正好手边没有现钱，又去向犹太高利贷者夏洛克转借。夏洛克怪安东尼奥平时借钱给别人从不收利钱，又恨他常常无故侮辱自己，这时蓄意报复，提出双方立约，借钱3 000，期限3个月，到期不还，借方割一磅肉抵偿。安东尼奥自以为有几艘满载货物的船只不日就可到达，到期准能清偿债务，毫不迟疑地照夏洛克的条件立了约。

巴萨尼奥有了钱，乘船向鲍西娅所在的内尔蒙特进发。临开船时，他的朋友罗兰佐带了夏洛克的女儿杰西卡上了船，他们准备私奔出来逃往外地。夏洛克心痛失去女儿，更心痛她带走的金银财物，在大街上，像发疯似地乱喊乱叫。

在鲍西亚家中，巴萨尼奥通过了考验，与鲍西娅结为伉俪。巴萨尼奥的朋友葛莱西安诺也跟鲍西娅的贴身女仆尼莉莎结了婚。

但乐极生悲，从安东尼奥那里传来噩耗，他的船只在航行途中出了事，不能如期到达。他的契约已经过期，现在夏洛克一口咬定，非要他割肉抵债不可。安东尼奥希望死前再见他朋友一面。鲍西娅叫巴萨尼奥马上动身回威尼斯，带了20倍的钱去还债，接着她和女仆尼莉莎女扮男装，也动身去威尼斯，动身之前还向她表兄，著名律师培拉里奥博士求救，在这种情况下应该如何辩护。

威尼斯的法庭正在审理安东尼奥和夏洛克之间的官司。夏洛克强调法律和宪章，要求公爵照法律办事。这时鲍西娅扮律师，尼莉莎扮律师书记出庭辩护。鲍西娅先附和着夏洛克，强调法律的尊严，法庭应该执法无私，受到夏洛克连口称赞。但接着她提出法律许可夏洛克根据契约割下一磅肉，却不能多一点儿或少一点儿，更不允许他流一滴血。当夏洛克放弃他割肉的要求想溜开时，鲍西娅又指出，根据威尼斯的法律，凡是一个异邦人企图用直接或间接手段谋害任何公民，他的财产的半数应归受害的一方，另一半没收入库，罪犯的性命应由公爵处置。最后夏洛克答应皈依基督教，分一半财产给女儿，立她为继承人，公爵才赦免他，也不没收他的财产。

鲍西娅和尼莉莎在与丈夫分别时，曾各赠戒指一枚，嘱咐对方应至死不离身。打完官司，两人各要拿戒指作为谢礼。巴萨尼奥鉴于律师救了他好友的性命，只好不顾对妻子的誓言，脱下戒指送给律师，却不知道律师就是他妻子所扮的。葛莱西安诺也把他的戒指给了尼莉莎。鲍西娅主仆十分高兴，一方面因为辩护胜利，救了安东尼奥的命，处罚了犹太人，另一方面又因为丈夫失了戒指，回家后可以拿这件事好好取笑一番。全剧结束时，安东尼奥的所有船只也都平安归来，喜讯传来，喜上加喜。

《威尼斯商人》是一出抒情喜剧，主题也是写友谊和爱情。但内容比较丰富，反映的社会现象比较广阔。

此剧的剧名与内容并不完全相符。因为，“威尼斯商人”的形象虽然是指安东尼奥。然而，剧中最完整的形象却是夏洛克。

夏洛克的形象具有多面性。他一面虔诚地读圣经，一面又拼命攒钱。莎士比亚通过这个形象揭示了专放高利贷的清教徒的某些性格特征。夏洛克展示给我们的主要是阴暗面。在攫取钱财方面，他冷酷无情，是凶恶的实用主义的化身。

但另一方面，夏洛克也显示了他思想的大胆。他曾就犹太人和其他民族的人是同样的人，说过这样的话：“难道犹太人没有眼睛吗？难道犹太人没有五官四肢、没有知觉、没有感情、没有血气吗？他不是吃着同样的食物，同样的武器可以伤害他吗？”这些话体现了莎士比亚的“人生而平等的观点”。在另一部喜剧《皆大欢喜》中也曾提出过同样的问题。

夏洛克实际上是个悲剧性人物。作为犹太人，他受到歧视和排挤，这种排挤使他产生了复仇的愿望，使他的性格产生了变态。他只能以金钱作为复仇的武器，但他使用这个危险的武器的同时，自己也成了它的奴隶。莎士比亚在剧中描绘了金钱的力量，它使一个天性并不贪婪的人腐化变质，变成一个丑恶的人。

“法律”是夏洛克的另一武器。但是，法律是人为的，因而不具有真理的标准性。它成了可以任人阉割的、僵死的条文。战胜这种法律条文不需要学问高深的法学家，一个年轻的具有灵敏头脑的姑娘就够了。法庭这一场戏是对徒具形式的法律的有力讽刺。

莎士比亚关照了历史上受歧视的犹太人，并寄予了他的同情。而且他在揭露了“金钱”的腐蚀作用和“法律”的虚伪的同时，也发现了在他所处的社会中，那些“狡诈的世人用来欺侮智士的似是而非的真理”是占有支配地位的。

悲　剧

悲剧是莎士比亚戏剧的精华。创作悲剧时期，社会上的各种矛盾激化，莎士比亚倾向于把理想与现实的冲突解释为善与恶的冲突，寄希望于道德改善。但道德改善既难以实现，又无法解决社会问题，结果作者不可避免地使自己的思想陷入重重的矛盾之中。莎士比亚的一系列重要悲剧除了反映当时的社会问题外，也是他对他那个时代的一些重大问题进行深入思考的结果，反映了莎士比亚思想上的种种矛盾，这些矛盾在某种程度上也是文艺复兴时期作为先进阶级知识分子的人文主义者的共同的矛盾。

莎士比亚一生共写过11部悲剧，其中尤以《哈姆莱特》《奥塞罗》《李尔王》和《麦克白》最为著名，称为“四大悲剧”。

《哈姆莱特》是莎士比亚艺术创作成熟期的代表作，被称为戏剧之王的灿烂王冠上的“一颗最光辉的金刚钻”。它的故事最早见于《丹麦史》，莎士比亚则是根据“大学才子”基德的悲剧改编而成的。

剧中写丹麦王子哈姆莱特从德国人文主义文化中心维登堡大学回国奔丧，不料他的母亲竟匆匆改嫁给了刚刚登上王位的叔父克劳狄斯。夜间，哈姆莱特在城堡上见到亡父的鬼魂，得知父亲为叔父所害，发誓要替父报仇。他郁郁不欢，装疯卖傻，又趁戏班子进宫演出的机会把鬼魂所讲的谋杀情节编成戏来试探克劳狄斯。克劳狄斯不等戏终场就仓皇退席，证实鬼魂的话果真不假。他要求母亲疏远克劳狄斯，并错杀了躲在帐幕后面偷听的自己情人奥菲莉亚的父亲波洛涅斯。克劳狄斯决心除去哈姆莱特，就想打发他到英国去。他派哈姆莱特的两个同学与他同去，以便监视哈姆莱特的一举一动。克劳狄斯同时修密书一封，想假手英王害死他。但哈姆莱特发现了阴谋，一个人又回到了丹麦。这时正遇上发疯落水而死的奥菲莉亚的葬礼。她的哥哥雷欧提斯受克劳狄斯挑唆，决心找哈姆莱特决斗，并在剑上涂了毒药，要杀死哈姆莱特为父亲和妹妹报仇。克劳狄斯又另外准备了毒酒。万一哈姆莱特逃过毒剑，再用毒酒害死他。决斗时，雷欧提斯和克劳狄斯均为哈姆莱特所杀，哈姆莱特自己也中了毒剑，他母亲则饮了毒酒，4个人同归于尽。

在这部流血复仇悲剧中，莎士比亚并没有像在早期喜剧中做的那样直接寄托他的人文主义理想。而是表现了人文主义理想在现实生活中遇到的挫折和失败。哈姆莱特从剧中到戏外是“时代的缩影”，剧本实际上亦是以古丹麦为背景，影射当时的英国现实。当时英国正值伊丽莎白女王统治的末期，政局动荡，社会矛盾激化，女王独身无子，争夺王位的斗争十分激烈。埃塞克斯发动叛乱失败，刚被处决。剧中的许多语句都是暗指英国当时社会的。在这种情况下，人文主义理想与现实的矛盾十分激烈，这些矛盾又突出地体现在哈姆莱特身上。

哈姆莱特是莎士比亚时代人文主义者的缩影。人文主义戏剧家莎士比亚在他身上倾注了自己几乎全部的心灵。哈姆莱特本来是个快乐的王子，仿佛天生就是为了美好的理想而生活着。他是“时代的明镜”，拥有“学者的辩舌”“朝臣的仪表”。这样一个神采奕奕的青年王子进了大学，他不顾贫富等级差别的观念，与穷学生霍拉旭交上了朋友。他衣着朴素，语言典雅，他赞美人类，歌唱生活。他一直生活在苦难和罪恶之外。然而，父王的突然去世，母亲的匆匆改嫁，以及鬼魂所揭露的宫廷阴谋，这些不幸的打击接踵而来，打破了他宁静和谐的生活，使他看到了现实的丑恶和残酷。严重的精神危机使他变成了一个忧郁的王子。

哈姆莱特刚一出场时内心就充满了与周围世界的斗争。父亲亡魂要求他去报仇，这突如其来的变故使他陷入难以自拔的痛苦思索之中，他的母亲，如此快地忘却旧情，送葬时候穿的那种鞋子还没有破旧。哈姆莱特悲叹到：“脆弱啊，你的名字就是女人！”克劳狄斯罪孽深重，为了王位不惜杀死自己的亲兄长；大臣波洛涅斯奸诈卑鄙，甘愿做罪恶的帮凶……所有这一切都与哈姆莱特的人文主义理想相差万里之遥。

哈姆莱特生活在由群丑统治的世界里，他感到窒息、苦闷、失望。他诅咒世界是“一所很大的监狱”，而“丹麦是其中最坏的一间”。人文主义所赞美的人类已经虚幻得不能再使他发生兴趣，原来他们并非那么高贵、富有理性，相反只是“一大堆污浊的瘴气的集合”。

理想与现实的巨大差距使哈姆莱特这位典型的人文主义者认识到自己的软弱无能，产生了一种深深的痛苦。这种“忧郁症”在英国文艺复兴时期和“福斯塔夫的笑声”一样典型。对自己软弱无能的认识，痛苦的心情和自杀的念头一直紧紧缠住哈姆莱特。

我们可以看到，哈姆莱特有两个目标：一个是个人的——为死去的父亲报仇；另一个是为大众的——重整乾坤。个人的目标哈姆莱特能够很顺利地实现：他可以杀死他所有的仇人。但第二个目标却很难实现，正是这一点使哈姆莱特感到压抑，使他具有两重性，经常处于痛苦的犹豫不决的状态之中。他感到，复仇只会增加人间的邪恶和黑暗，而与整个人类的进步毫无益处。正如上帝可以用洪水淹死罪恶的人类，却不容易使他们改好一样。在这“冷酷的人间”，杀死一个克劳狄斯又能解决什么呢？还会有上万个克劳狄斯式的邪恶人物出现。哈姆莱特以人文主义者的眼光穿透个人复仇的责任，看到了拯救人类的社会责任，然而，途径在哪里呢？

哈姆莱特有时谈到自己的决心与力量，但有时又谈到自己的软弱。他天生本是一个果敢坚定的人，他嫉恶如仇。自己的父亲，那样贤明的一位国王被邪恶之人杀死，他义愤填膺。但他又是一个有敏锐观察力的人，他看见了在这场凶杀和复仇事件之后，隐藏着的人类的罪恶和弱点。他犹豫，迟迟无所作为。

哈姆莱特的无所作为，不是由于他性格的软弱，而是因为他处于一种无所可为的尴尬地步。他思想疑虑，行为延宕，从更深的意义上反映了人文主义者的理想与邪恶黑暗的现实之间存在着何等巨大的差距，这差距是哈姆莱特无从消除的。

哈姆莱特的悲剧也就是莎士比亚时代人文主义者的悲剧。哈姆莱特无法解决这一问题，他的伟大便在于他提出了问题。几个世纪以来，莎士比亚的这部天才悲剧一直激励着人们去思考，召唤着人们去实现人文主义的光辉思想。

《雅典的泰门》亦是莎士比亚悲剧中一部压卷之作。本剧取材于普鲁塔克的《希腊、罗马名人传》。剧情如下：雅典城里富有贵族泰门生性善良，慷慨好客。无论是趋炎附势的小人，还是阿谀奉承的伪君子，他都当作上宾接待，从不拒绝。泰门由此花钱如流水。他的忠心的管家弗莱维斯几次劝告他，都无济于事。泰门一任自己的家产花光，终于倾家荡产了，只好向有钱人求助。但那些人一听说他要借钱，马上变了副面孔，一口拒绝了。连那些平时受惠于他的好友也拒绝借钱给他。从前对他歌颂得最起劲的人，现在骂起他来也最凶。泰门家过去门庭若市，现在却变得冷冷

《雅典的泰门》的插图

清清，只有讨债的人登门逼债。几天之后，泰门家又恢复了旧时的排场，宴请宾客。那些拒绝借钱给泰门，骂过泰门的人，都厚着脸皮来了。他们看见盘子上都罩着盖，以为里面一定盛着奇珍异味。泰门让这些人就座，说了一番批评世态炎凉的挖苦话以后，就说："揭开来，狗子们，舔你们的盘子吧。"大家揭开盖子一看，只见盘内满贮清水。泰门嘴里咒骂着，将盘内的水泼在众宾客的脸上，拿盘子往他们身上掷去。众人以为他疯了，纷纷逃避。泰门就说："从此以后，让每一个宴会上把奸人尊为上客吧。屋子，烧起来吧！雅典，沉沦了吧!从此以后，泰门将要痛恨一切人类了！"

泰门变成了恨世者。他悲愤已极，咒骂着离开城市，隐居到海滨洞穴中，以野菜树根充饥。他无意中挖到藏金，但他已心如死灰，见了金子，就恶毒地诅咒起人类和黄金，最后他在绝望中死去。死前还给自己写了墓志铭，抒发他厌世的情绪。

泰门的毁灭，引起人们深深的同情。他和蔼善良，温柔敦厚，"有一颗比任何人都高贵的心"。他乐善好施，慷慨待人，使人觉得他的行为有些傻。正像剧中元老说的那样，如果你要金子，只要从一个乞丐那里偷一条狗来送给泰门，它就会给你变成金子；泰门的善良太过分了。他的管门人对每一个过路人都是笑脸相邀请。谁给他做了一件事，他就要给人家价值7倍的酬劳。正是由于这种不分善恶，普济众生的慷慨，使泰门金山般的家业虚空了。

泰门是一个纯粹的理想或空想主义者，他对世界，对人与人的关系的想法，是没有任何现实基础的幻想。他以为天下之人皆兄弟，彼此坦诚相待，相亲相爱。所以当别人有困难时，他竭力相助；而当大家垂手恭立、仰视他时，他也不感到尊荣和满足。他认为人间只应该存在真实的友谊，一切虚伪的形式和礼节，言不由衷的欢迎与殷勤都应该摒弃。有了这种观念，泰门所做的一切就不难理解了。

泰门太高尚、正直、无私了。他以己度人，以为世界上的人都像他一样。然而，他看不到人们争相结交他、恭维他的真实目的。他生活在一个铜臭熏天的社会里，却对它没有一点儿正确的认识。他的不切实际的理想，造成他对社会的无知。于是，在他的理想中就孕育了毁灭的种子。

泰门的理想显示了莎士比亚人文主义理想的某些成分，但和早期喜剧中的理想已不同。早期喜剧中的理想是作为黑暗现实的对立事物而存在的，人物对社会有正确的认识，并在乐观气氛中进行抗争。而泰门对于生活却没什么真实的感受，对现实社会盲目无知，这就使他处于悲剧气氛里，他的理想更加虚无缥缈。

从剧中，我们可以体会到，泰门很清楚自己挥霍的结局。至少贫穷到来时，他并不沮丧，反而认为借此可以考验他的朋友，可以在他们亲切关照下，体验友谊的幸福与温暖。他坚信只要自己一开口，谁都会把财产交给他自由支配。这正是他最高理想的表现形式。然而，生活向他露出了最冷漠无情的面孔。他的理想毁灭了，他自己也就毁灭了。

泰门的悲剧具有极大的批判性和揭露性。他是赤裸裸的金钱至上的生活原则的目击者，同时又是这一原则的受害者。从他自己遭遇的惨痛变故中，从受尽世人歌颂的雅典宠儿到受债务催逼的不受恭敬的可怜虫，前后两种社会地位的明显对比中，他才醒悟过来。

在泰门身上，莎士比亚的人文主义理想已经丧失了浪漫的光彩。泰门是一个标准人文主义理想的“人”，可这个完美的人物被冰冷的社会用金钱粉碎了。莎士比亚对此并不甘心，他对人类前途抱有美好的信念，他要在艺术中克服悲剧的“恶”。所以，在《雅典的泰门》之后，莎士比亚与悲剧彻底告别了，进入了传奇剧的创作时期。在传奇剧中，他使人的尊严、价值和理想通过另一种方式得到实现。

传奇剧

莎士比亚的晚年致力于写传奇剧。这是他对现实失去信心后，以幻想来解决理想与现实的矛盾。这些剧本的情节大同小异，都是主人公先遭受灾难和不幸，后来由于一些偶然因素，转祸为福，达到大团圆的圆满结果。它们对黑暗现实有所揭露，但宽恕和谅解精神贯穿其中，传奇色彩浓郁。

《暴风雨》是传奇剧中代表作，这是莎士比亚独立创作的最后一个剧本，被视为“诗的遗嘱”。主要情节是：米兰的公爵普洛斯彼罗专心研究魔法，把国事托付给兄弟安东尼奥管理。安东尼奥勾结那不勒斯国王阿隆佐篡位，让公爵带着3岁的女儿乘一只小船在海上漂流。普洛斯彼罗来到女巫西考拉克斯居住的岛上，那时女巫已死，留下儿子丑妖怪凯列班和一群被巫术禁锢的精灵。普洛斯彼罗收服了凯列班当奴隶，让他干捡柴等吃力的苦差役，又用魔法释放了精灵，让以爱丽儿为首的一群精灵供他驱使。

普洛斯彼罗在岛上一住就是十年，这天预知他兄弟和那不勒斯国王乘船经过，就叫爱丽儿掀起风暴，让船沉没，船里的人都漂流到岛上。又让国王的儿子腓迪南在爱丽儿的逗引下来到普洛斯彼罗和他女儿米兰达所居住的洞室。米兰达除了丑妖凯列班外，从未见过人类，看见腓迪南年轻貌美，就爱上了他。腓迪南在荒岛上见了美丽的米兰达，以为见了仙女，也对

《暴风雨》的插图

她一见倾心。两人很快相爱了。

安东尼奥和那不勒斯国王阿隆佐的弟弟西巴斯辛漂流到岛上后，以为腓迪南已死，两人密谋杀死阿隆佐，让西巴斯辛篡夺王位，安东尼奥也可以免去纳贡。亏得爱丽儿暗中保护，他们的阴谋才未得逞。

在岛上的另一处，凯列班遇到船上来的酗酒的膳夫和国王的大臣，3人喝醉了酒，密谋害死普洛斯彼罗，做岛上的主人。结果他们3人都受到了精灵的严厉惩罚。

普洛斯彼罗罚腓迪南做搬运木头的苦工，又让米兰达跟他待在一起，考验他们之间的爱情，后来发现他俩真心相爱，就允许他们结合。另一方面，他又派爱丽儿去吓唬他的兄弟和那不勒斯国王，通过幻景让他们认识到过去的错误，悔过自新，安东尼奥也表示愿意归还爵位。全剧在大团圆的和解气氛中结束。普洛斯彼罗宽恕了他的兄弟和国王，又让国王父子见面。国王也同意让儿子娶米兰达为妻。原来被认为已经撞碎了的船，这时也安然无恙地泊在岸边。于是普洛斯彼罗恢复了爱丽儿的自由，自己也抛弃了魔法，乘船回国，只有凯列班像原先那样独自留在荒岛上。

《暴风雨》寄托着莎士比亚乌托邦的理想。仿佛是对这位伟大的戏剧家全部创作中所包含的人文主义基本主题的总结。

普洛斯彼罗战胜了由野性而丑怪的奴隶凯列班所体现的黑暗浑沌的自然力。他还运用自己法术的威力，迫使以爱丽儿为首的缥缈精灵为自己服务。爱丽儿代表了那种对人类有益的自然力。而且，在人与人的关系上，最后是宽恕与和解。年轻一代——米兰达和腓迪南的爱情也有了幸福结局。不像罗密欧与朱丽叶为了这个目标，牺牲了自己的生命。

在人与自然、人与人的关系方面，《暴风雨》把我们带到了光明的理想境界。普洛斯彼罗战胜凯列班，并迫使他为自己服务，这在哲学上意味着人类的理智与科学战胜自然物。人物之间最后的和解也表明人类可通过彼此宽恕，形成和谐的关系。

然而，我们不能不看到，剧中人物从美丽纯洁的少女米兰达到小精灵爱丽儿和丑妖怪凯列班，都是处于一种扑朔迷离的梦幻背景之下。莎士比亚的人文主义理想已化作虚无缥缈的幻影，他只能凭借魔法，通过奇异的梦幻世界，表现出对人类前途的朦胧憧憬。

相关链接

XIANGGUAN LIANJIE

莎士比亚经典语录

时间正像一个趋炎附势的主人，对于一个临去的客人不过和他略微握握手，对于一个新来的客人，却伸开了两臂，飞也似的过去抱住他；欢迎是永远含笑的，告别总是带着叹息。

不应当急于求成，应当去熟悉自己的研究对象，锲而不舍，时间会成全一切。凡事开始最难；然而更难的是何以善终。

时间是审查一切罪犯的最老练的法官。

好花盛开，就该尽先摘，慎莫待，美景难再，否则一瞬间，它就要凋零萎谢，落在尘埃。

使人愉快的劳动，能医治心灵的创伤。

一个人无论禀有着什么奇才异能，倘然不把那种才能传达到别人的身上，他就等于一无所有。

你自己和你所有的一切，倘不拿出来贡献于人世，仅仅一个人独善其身，那实在是一种浪费。

仅仅一个人独善其身，那实在是一种浪费。上天生下我们，是要把我们当作火炬，不是照亮自己，而是普照世界；因为我们的德行尚不能推及他人，那就等于没有一样。

点燃了的火炬不是为了火炬本身，就像我们的美德应该超过自己照亮别人。

本来无望的事，大胆尝试，往往能成功。

千万人的失败，都是失败在做事不彻底；往往做到离成功尚差一步就终止不做了。

书籍是人类知识的总结。

宁愿做一朵篱下的野花，不愿做一朵受恩惠的蔷薇。与其逢迎献媚，偷取别人的欢心，毋宁被众人所鄙弃。

一切礼仪，都是为了文饰那些虚应故事的行为，言不由衷的欢迎，出尔反尔的殷勤而设立的；如果有真实的友谊，这些虚伪的形式就该一律摈弃。

适当的悲哀可以表示感情的深切，过度的伤心却可以证明智慧的欠缺。

如果我们生命的天平秤上，一边没有“理智”的秤盘平衡另一边“情欲”的秤盘，那么我们身上下流的欲念就会把我们引导到荒唐透顶的结局。

爱情，它会随着全身的血液，像思想一般迅速通过了五官四肢，使每一个器官发挥双倍的效能：它使眼睛增加一重明亮，恋人眼中的光芒可以使猛鹰眩目；恋人的耳朵听得出最微细的声音，任何鬼祟的奸谋都逃不过他的知觉；恋人的感觉比戴壳蜗牛的触角还要微妙灵敏；恋人的舌头使善于辨味的巴库斯（希腊酒神）显得迟钝。